U0462793

权威·前沿·原创

皮书系列为
"十二五""十三五"国家重点图书出版规划项目

森林小镇蓝皮书

BLUE BOOK OF
FOREST TOWN

中国森林小镇发展报告
（2019）

ANNUAL REPORT ON DEVELOPMENT OF FOREST TOWN IN
CHINA (2019)

主 编／庞 波 倪建伟

社会科学文献出版社
SOCIAL SCIENCES ACADEMIC PRESS（CHINA）

图书在版编目（CIP）数据

中国森林小镇发展报告. 2019 / 庞波，倪建伟主编
. -- 北京：社会科学文献出版社，2019.6
（森林小镇蓝皮书）
ISBN 978 - 7 - 5201 - 5109 - 2

Ⅰ.①中…　Ⅱ.①庞…　②倪…　Ⅲ.①小城镇 - 城市
建设 - 研究报告 - 中国 - 2019　Ⅳ.①F299.21

中国版本图书馆 CIP 数据核字（2019）第 124123 号

森林小镇蓝皮书

中国森林小镇发展报告（2019）

主　　编 / 庞　波　倪建伟

出 版 人 / 谢寿光
责任编辑 / 高振华　李　淼

出　　版 / 社会科学文献出版社·城市和绿色发展分社（010）59367143
　　　　　　地址：北京市北三环中路甲 29 号院华龙大厦　邮编：100029
　　　　　　网址：www.ssap.com.cn
发　　行 / 市场营销中心（010）59367081　59367083
印　　装 / 三河市东方印刷有限公司

规　　格 / 开　本：787mm × 1092mm　1/16
　　　　　　印　张：16　字　数：208 千字
版　　次 / 2019 年 6 月第 1 版　2019 年 6 月第 1 次印刷
书　　号 / ISBN 978 - 7 - 5201 - 5109 - 2
定　　价 / 98.00 元

本书如有印装质量问题，请与读者服务中心（010 - 59367028）联系

全国"森林小镇"评价体系及
发展指数研究课题组
学术委员会委员

（按姓氏笔画排序）

马朝洪　四川省林业和草原局森林旅游中心主任

王小林　复旦大学六次产业研究院副院长、教授

王红玲（女）　全国政协委员、湖北省政协副主席、教授

王景新　发展中国论坛副主席、研究员

王瑞璞　发展中国论坛主席、中共中央党校校委原委员、教授

叶　文　西南林业大学旅游学院院长、教授

叶　青　湖北省统计局副局长

史好泉　山东省政协常委、德州市政协前主席

包建华（女）　四川省林业和草原局副局长、四川省绿化委员会办
　　　　　　公室主任、四川省林业产业联合会会长

兰思仁　福建农林大学校长、教授

朱　欣　四川省巴中市委党校（行政学院）副校（院）长

朱健梅（女）　西南交通大学副校长、教授

刘春延　东北虎豹国家公园管理局常务副局长

苏永清　内蒙古鄂尔多斯市委党校（行政学院）副校（院）长

李兵弟　中国城镇化促进会副主席
　　　　住建部村镇建设司原司长、教授级高级城市规划师

钟永德　中南林业科技大学旅游学院院长、教授

俞益武　浙江农林大学风景园林与建筑学院教授

贺军伟　农业农村部产业政策与法规司副司长、研究员

党国英　中国社会科学院农村发展研究所研究员

倪建伟　发展中国论坛学术委员会委员、浙江财经大学教授

徐小青　国务院发展研究中心农村经济研究部原部长、研究员

郭兆晖　中共中央党校经济学部副教授

慕长龙　四川省林业科学研究院副院长、研究员

廖宏斌　西南财经大学公共管理学院院长、教授

"森林小镇蓝皮书"推介词

In response to President Xi's directions to spread the concept of the green Silk Road, the "Forest Town" published the timely blue book. The book is a remarkable work towards achieving China's efforts in the area of green economy.

"森林小镇"践行了中国国家主席习近平"一带一路"绿色发展的指示要求。"森林小镇蓝皮书"的出版恰逢其时，为中国努力实现绿色发展做出贡献。

الوقت المناسب استجابة لتوجيهات الرئيس الصينى شي جين بينغ نحو نشر مفهوم الطريق في مجال التنمية الخضراء. والحزام الأخضر، قامت "بلدة الغابة" بإصدار الكتاب الأزرق في للمساهمة في جهود الصين

伊萨姆·沙拉夫（Dr. Essam Sharaf）

阿拉伯埃及共和国政府前总理

2019 年 3 月 13 日

China always has a long-term development strategy in their home and the world. I am highly assured that "Forest Town" will contribute to the foundation of the development of smart cities worldwide.

中国一直在国内外发展上极具长远策略。我坚信"森林小镇"会对世界新时代城市的建设与发展作出巨大贡献。

郑海精（Dr. Hae-Jung Jung）

联合国亚非商务委员会主席

2019 年 6 月 9 日

《森林小镇蓝皮书：中国森林小镇发展报告（2018）》出版恰逢其时，具有重要的理论价值和实践意义。

王瑞璞

发展中国论坛主席

中共中央党校校委前委员、教授

2018 年 4 月 30 日

发展中国论坛认真贯彻习总书记"绿水青山就是金山银山"的重要论断，抓住建设特色小镇的机遇，在全国开展研究森林小镇的活动，做了大量卓有成效的工作，产生了广泛而深远的影响，成为生态文明建设的一项重要工程，希望再接再厉，把这项工作做得更好，为建设美丽中国做出更大贡献。

季昆森

发展中国论坛副主席

安徽省人大常委会前副主任

2018 年 4 月 30 日

在乡村振兴的发展战略中"森林小镇"蓝皮书的首创，开启了全国城乡绿色发展的导向。历史悠久的中华大地只有在绿色的装点下才更加美丽！

包建华

四川省林业和草原局副局长

2018 年 4 月 30 日

调研深入，分析透彻，评价中肯，希续指导。

蒋桂雄

广西壮族自治区林业厅副巡视员

2018 年 6 月 28 日

主要编撰者简介

庞　波　博士、研究员。生于 1974 年，四川巴中人。现任发展中国论坛秘书长，兼任中国市场经济研究会常务理事，中国城市临空经济研究中心理事，第十二届四川省青年联合会委员、第十三届四川省青年联合会常委，第二届政协巴中市委员会委员、第三届政协巴中市委员会特邀代表。主要从事县域经济、新型城镇化、党建理论研究，先后出版《城乡统筹的成都实践与探索》（中共中央党校出版社，2010 年 1 月版）、《就近城镇化研究》（中国社会科学出版社，2015 年 4 月第 1 版，2017 年 11 月第 2 版）、《就近城镇化再研究》（中国社会科学出版社，2017 年 11 月版）；发表《关于基层党组织公推直选几个问题研究》、《又好又快推进城镇化和义务教育均衡发展》等文章 20 多篇。

倪建伟　生于 1981 年，浙江杭州人，浙江省 151 人才、浙江省之江青年学者。现任浙江省新型重点专业智库中国政府监管与公共政策研究院院长助理，浙江财经大学公共管理学院教授、博士生导师，兼任发展中国论坛学术委员会委员，全国森林小镇发展指数专家委员等。长期从事区域经济、城乡发展与公共政策研究。主持国家社会科学基金课题 2 项，主持省部级课题 20 余项；出版专著 1 部；在《经济社会体制比较》《中国软科学》等核心期刊发表论文 20 多篇，其中《中国社会科学文摘》转载 3 篇、人大复印资料转载 3 篇；在《人民日报》《光明日报》等国家级报刊发表文章 20 余篇；独立获浙江省社会科学成果三等奖 2 次；撰写的研究报告获省部级领导批示 20 余次。

摘　要

森林小镇建设是践行习近平总书记"绿水青山就是金山银山"发展理念的生动实践，是中国特色小镇建设的重要类型和特殊形式，是在乡村小城镇发展和农民就近城镇化过程中兴起的，以森林资源为依托，以绿色发展为导向，集宜居、宜业、宜游、宜养四重功能于一体，成为新时代人民日益增长的美好生活需要的重要体现。本书在全面梳理 2018 年度国家和地方森林小镇建设实践的基础上，通过对四川、黑龙江、湖北、山东 4 个省 12 个森林小镇的实地调研，以及对25 个"全国最美森林小镇"的问卷调查，形成了对全国森林小镇建设发展进程、成效与面临挑战的总体把握，认为无论是国家还是地方层面，无论是先发区域还是后发区域，森林小镇建设成效明显、亮点突出，集中表现为森林小镇建设成为许多地方乡村振兴的重要抓手，市场、政府与社会多方力量协作共建的态势初步显现，形成了以森林旅游、康养和运动为代表多产业联动发展模式，森林小镇建设的示范引领与辐射带动作用显著增强。

关键词： 森林小镇　绿色发展　乡村振兴

Abstract

The construction of forest towns is a vivid practice of Xi Jinping's development idea that "lucid waters and lush mountains are invaluable assets". It is an important type and special form of the construction of small towns with Chinese characteristics. It has sprung up in the process of the development of small towns in rural areas and the urbanization of farmers nearby. It relies on forest resources and is guided by green development. It integrates four functions of livability, industry, tourism and heath maintenance, and becomes an important manifestation of people's growing requirements for a better life in the new era.

On the basis of a comprehensive review of the construction practice of national and local forest towns in 2018, this book has formed the process, effectiveness and comprehensiveness of the construction and development of national forest towns through on-the-spot investigation of 12 forest towns in Sichuan, Heilongjiang, Hubei and Shandong provinces, as well as questionnaires survey of 25 "the most beautiful forest towns in the whole country". The overall grasp of the challenges, whether at the national or local level, whether in the early or late regions, the construction of forest towns has achieved remarkable results and highlights, which are mainly manifested in the fact that the construction of forest towns has become an important grasp of Rural Revitalization in many places, and the situation of cooperation and co-construction between market, government and social forces. Initially, the model of multi-industry linkage development represented by forest tourism, recreation and sports has been formed, and the demonstration leading and radiation leading role of the construction of forest towns has been significantly enhanced.

Keywords: Forest Towns; Green Growth; Rural Revitalization

目 录

Ⅰ 总报告

Ⅱ 专家观点

Ⅲ 调研报告

Ⅳ 典型案例

皮书数据库阅读**使用指南**

总 报 告

General Reports

B.1

2018～2019年中国森林
小镇发展报告*

摘　要： 森林小镇作为特色小镇建设的重要类型和特殊形式，
是在乡村小城镇发展和农民就地就近城镇化过程中兴
起的，其以森林资源为依托，以生态发展为导向，注
重人与自然协调。2018年，森林小镇建设在国家层面
的政策出台与推动和地方层面的积极创建上均取得较
大进展：国家主管部门密集调研森林小镇建设情况并
公布首批国家森林小镇建设试点名单，作为森林小镇
建设先行区的浙江、广东、四川等省在森林小镇创建、
政策出台等方面又取得新进展，起步较晚的贵州、山
东、福建等省启动森林小镇建设的规划与创建。同时，
2018年森林小镇建设出现许多亮点与成效：森林小镇

* 本报告执笔：倪建伟、王旭东、刘聪聪、杜逸文。

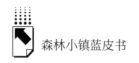

引领与示范带动作用显著增强，森林小镇建设成为乡村振兴的重要抓手，森林小镇建设促成多产业联动发展，初步形成多方力量协作共建森林小镇的局面。本报告认为，森林小镇建设在要素支持、体制机制、区域发展平衡等方面存在问题与挑战，亟须正确把握森林小镇发展内涵、强化小镇发展要素支撑、完善体制机制设计、加强森林小镇区域协作。

关键词： 特色小镇　森林小镇　乡村振兴

特色小镇是在中国经济发展新常态下发展模式的有益探索，是新型城镇化道路的有益探索，是推进供给侧结构性改革的有益探索，是破解经济结构转化和动力转换现实难题的有益探索。森林小镇作为中国特色小镇建设的重要类型和特殊形式，是在乡村小城镇发展和农民就地就近城镇化的过程中兴起的，其以森林资源为依托，以生态发展为导向，注重人与自然协调，已经并将进一步成为人们逃离以雾霾普增、交通拥堵为典型特征的"城市病"的重要选择，成为人们放飞心灵、舒展身心、享受美好生活的重要选择。在此背景下，森林小镇建设受到越来越多的关注，2018～2019年从国家到地方陆续正式启动森林小镇建设，并取得一定成效。

一　2018～2019年中国森林小镇建设的新进展

（一）国家层面高度重视森林小镇建设情况

1. 国家主管部门密集调研森林小镇建设情况

为深入了解国家森林小镇建设的总体情况，2018年上半年，国家林业和草原局对森林小镇建设相关单位和地区进行实地调研。

2018年1月13日，国家林业局场圃总站在吉林省长春市召开森林小镇建设工作座谈会。露水河林业局、蛟河林业实验区管理局等8个单位汇报了各自的相关工作情况，并就建设森林小镇提出了意见建议。国家林业局场圃总站国有林场发展处处长欧国平指出近两年国家环保督查日益严格，各级林业部门要重视起来，在保护区内建设的森林小镇要严格按照自然保护区管理条例要求建设、与保护区内总体规划相衔接。同时，各申报单位要牢牢抓住此次森林小镇建设试点的机会，充分利用气候优良、森林优质的良好条件，以建设森林小镇为契机，加快国有林场绿色转型发展。强调建设森林小镇要在保护生态的基础上，牢牢把握三个"严格控制"。一是严格控制在林场范围内，以林场林区为依托，合理利用现有场房场区，规划项目建设，促进林场升级转型。二是严格控制新占林地，坚决防止利用建设森林小镇项目在林区搞房地产，在严格保护的基础上科学利用既有资源。三是严格采用试点示范的形式，国家林业局会根据森林小镇建设成效，给予一定的政策倾斜。

2018年4月19日，国家林业和草原局场圃总站总站长程红等赴安徽省老嘉山林场考察指导工作，对老嘉山林场在林业生态建设、国家森林公园、林场民生建设等方面工作给予充分肯定，并与林场领导班子及相关技术人员就老嘉山国家森林公园准确定位、发展思路、发展规划等问题进行交流，提出建设性指导意见。程红总站长指出国有林场改革后，林场的功能定位发生了根本转变，由过去以砍树等生产经营为主转为以森林管护和森林培育为主，发展模式由利用森林获取经济利益为主向以保护森林提供生态服务为主转变。要求继续发扬"不忘初心、牢记使命、绿色发展"的塞罕坝精神，继续加强生态建设，继续推动国家森林公园的更好建设和发展。加强资源保护，科学编制规划，完善基础设施，努力把老嘉山国家森林公园建设成为皖东

大地上的森林乐园，让生态建设福祉全民共享。

2018年4月27日，国家林业和草原局场圃总站国有林场发展处处长欧国平率领调研组一行赴广东省蓝田林场就创建国家森林小镇工作开展实地调研，了解林场的森林资源、区位资源、人文资源等基本情况，以及森林小镇建设相关情况。调研组充分肯定了蓝田林场在创建国家森林小镇工作方面做出的努力，特别是对森林资源保护工作表示赞许。同时，对蓝田林场创建国家森林小镇提出三点要求。一要秉持"绿水青山就是金山银山"的理念，杜绝改林以建、大开发大建设的现象；二要坚持政府引导、林场主导、多元化运作，在稳定和充分保障国有林场森林资源权益的基础上，采用自建、合资合作和PPP合作建设等模式推进小镇建设；三要严格按照当地生态环境的承载量，科学规划，以林场创建为中心，融汇周边镇、村、企业的特色资源，构建生态经济共同体，实现场村镇企有效对接、互利共赢、融合发展。

2018年5月10日，国家林业和草原局场圃总站国有林场发展处处长欧国平一行至江苏省调研国家森林小镇建设情况。调研组先后赴常州市金坛区茅东林场"半边山下"森林小镇和连云港市海州区锦屏林场森林文旅小镇进行实地调研，听取两区政府关于国家森林小镇建设等有关情况的汇报，并就建设定位、林业用地、交通道路、投资规划等进行交流座谈。调研组充分肯定了江苏省对国有林场森林小镇建设的重视，希望江苏省在保护和利用好国有林场森林资源的基础上，坚持规划先行，创新模式理念，科学指导建设，为全国国有林场森林小镇建设积累经验，充分发挥国有林场在科普教育、文化弘扬和康养休闲体验等方面的作用，向全社会提供更多的优质生态产品，满足人民群众日益增长的生态福祉需求。

2018年5月16日，国家林业和草原局场圃总站国有林场发展处处长欧国平率国家森林小镇专家调研组一行，到贵州省就九龙山森林康养小镇资源保护、政策支持、交通区位、产业定位及开发建设等情况进行实地调研。调研组一行先后深入宁谷镇精品水果基地、鸡场乡万亩白茶园区和双堡镇大坝村金刺梨酒厂等进行实地考察，并专题听取项目概况、环境指标分析、总体定位与宣传理念、总体布局、项目策划和配套及服务设施规划等情况汇报。调研组对西秀区甘堡林场开展森林小镇建设的优势条件和前期申报工作予以充分肯定，并对森林小镇建设试点工作提出明确要求：一是要进一步加强核心区特色打造，以核心区向周边辐射发展；二是要在政府引导下，以林场为主导，多元化运作；三是要将民族文化与规划设计相融合，提升业态设计的质量，打造森林小镇品牌；四是要严格按照建设规范开展建设；五是要加强产业互动，突出主导产业，延长产业链；六是要充分利用现有的区位交通优势、独特地理条件和森林资源优势，发展集约化、精细化、聚集化产业；七是要结合脱贫攻坚工作，探索出一条带动农户脱贫致富、提升森林质量的森林小镇建设之路。

2018年5月23日，国家林业和草原局场圃总站组织国家森林小镇建设试点调研专家组实地调研首批国家森林小镇——福建建宁闽江源国家森林养生特色小镇试点工作。调研组实地察看建宁县大元造纸旧址、大元分场原场部、高峰香溪花谷和森林人家等森林小镇规划建设地点，并召开座谈会，观看建宁县"森林养生特色小镇"项目规划视频，听取了建宁县政府副县长沙陈龙关于建宁县情林情概况、森林小镇基本情况、政策支持、交通区位、产业定位、开发建设等方面工作情况汇报。调研组对建宁县森林养生特色小镇工作开展情况予以充分肯定，并围绕森林小镇主题特色对业态产品研发与推广、林产业与农业及"五子"产业与旅游业相结合等方面提出了具体意见。建宁县森林小镇规划布局分为"一轴、两翼、三区"。"一轴"，即森林活力轴；"两翼"，即森林乐活翼和森林乐游翼；"三区"，即森林高端康养区、森林休闲体验区、森林探索体验区。按功能划分为七大功能区，即森林客厅接待区、森林精品度假区、森林户外拓展、森林

文化教育区、森林养生体验区、森林休闲生活区、森林古道驿站区。

2018年5月31日，国家林业和草原局国有林场和林木种苗总站组织专家对柴河森林小镇进行实地调研，并召开座谈会。座谈会上，与会人员听取了柴河森林小镇规划、政策支持、发展优势等方面的汇报，并围绕柴河森林小镇的特色、定位、范围、资源保护、产业发展等方面进行了深入交流。会议指出，柴河镇的森林资源好、市场影响力大，地方政府大力支持，建设森林小镇有着得天独厚的优势，符合当前有关政策要求和林业发展趋势，契合生态发展理念，对于加快推进林业转型发展，提高森林资源利用价值有重大意义。与会专家强调，柴河森林资源优良，设施基本完备，符合建设森林小镇的条件，要进一步明确森林小镇的政策定位，深入挖掘火山地质文化，做好产业定位，并结合森林旅游统一考虑，整体规划，把柴河打造成知名的品牌小镇。

2018年6月2日，国家林业和草原局调研组对露水河林业局申报国家森林特色小镇试点的总体情况进行调研。工作组先后来到露水河林业局国家AAAA级旅游景区长白山（国际）狩猎场、碧泉湖会议中心、红松王景区、清水河林场等地进行实地踏查，之后召开汇报会议。会上，露水河林业局向工作组重点介绍了该局申报国家森林特色小镇的思考、区域资源禀赋优势、产业发展优势、经济地理优势、交通区位优势、文化底蕴研究以及对推动和发展森林特色小镇试点建设的总体规划思路等情况。在座谈会上，工作组提出了切实可行的推动措施和建设思路：一是要深入贯彻习近平总书记"绿水青山就是金山银山"的理念，高起点、高站位对森林特色小镇建设进行更加科学系统的规划设计，要始终坚持特色意识、精品意识、品牌意识；二是要强化生态红线意识，坚持保护与建设并行，保护是关键；三是要开放融资思路，充分利用好政策、投资平台和社会资本；四是小镇建设主导方向要严格依据国家法律、政策；五是顶层设计要贴近基层需要，切实处理好各种矛盾关系，要把职工群众的利益融入森林特色小镇发展的全过程，向党和国家上交一份满意的答卷。

2. 国家林业和草原局公布首批国家森林小镇建设试点名单

2018 年，国家林业和草原局公布首批 50 个国家森林小镇建设试点单位。森林小镇是国家林业局于 2017 年首次提出的特色小镇项目，于 2018 年首次开展试点建设，是指在森林资源丰富、生态环境良好的国有林场和国有林区林业局的场部、局址、工区等适宜地点，重点利用老旧场址工区、场房民居，通过科学规划设计、合理布局，建设成为接待设施齐全、基础设施完备、服务功能完善，以提供森林观光游览、休闲度假、运动养生等生态产品与生态服务为主要特色的，融合产业、文化、旅游、社区功能的创新发展平台。根据规定，森林小镇建设试点期限一般为 3 年，在 3 年内完成建设任务的，由国家林业和草原局认定为"国家森林小镇"，并统一颁发标识。

森林小镇试点单位的选拔流程：首先，各省（含自治区、直辖市、森工集团、新疆生产建设兵团，下同）组织力量对本省国有林场和国有林区森林特色小镇建设情况和潜力进行调查摸底，填写森林特色小镇资源情况调查统计表；其次，各省组织国有林场和国有林区林业局开展森林特色小镇建设试点申报工作，根据当地实际情况，推荐 2～3 个国有林场或国有林区林业局作为国家建设试点，填写试点申报表；最后，国家林业和草原局在各省推荐的基础上，统筹考虑区域布局、建设特点、发展特色等因素，确定全国森林特色小镇建设试点单位，并予以公布。

本次森林小镇试点单位须具有的建设条件主要有四点：一是具有一定规模，一般应选择在森林分布集中，森林覆盖率一般应在 60% 以上，森林景观优美、周边生态环境良好，具备较好文化底蕴、无重大污染源，规模较大的国有林场或国有林区林业局建设；二是建设积极性高，国有林场和国有林区林业局建设积极性较高，当地政府重视

森林特色小镇建设工作，在小镇项目建设投入、招商引资、土地优惠以及基础设施建设等方面政策扶持力度大；三是主导产业定位准确，主要依托森林资源和生态优势，重点发展森林观光游览、休闲度假、运动养生，以及森林食品、森林药材等林产品培育、采集和初加工的绿色产业；四是基础设施较完备，国有林场和国有林区林业局水、电、路、信等基础设施较完善，建设地点原则上要选择在距机场或高铁站 50~100 公里范围内。

成为首批 50 个国家森林小镇建设试点的单位重点要在改善接待条件、完善基础设施、培育产业新业态几个方面加强建设。具体要通过对国有林场和国有林区林业局老旧场（局）址工区、场房民居等的改造，建设成地方特色鲜明，又与小镇森林特色生态景观风貌紧密融合的特色民居、森林小屋等，努力提升食宿接待能力和服务水平。森林小镇建设一定要严守国家生态保护红线，坚决做到不破坏森林资源，特别要严禁借森林小镇建设试点之名"跑马圈地"，搞房地产开发和城镇化建设。一经发现，立即取消其国家森林小镇建设试点单位资格。建设水、电、路、信、生态环境监测等基础设施和森林步道等相应的观光游览、休闲养生服务设施，为开展游憩、度假、疗养、保健、养老等休闲养生服务提供保障，不断提升小镇公共服务能力、水平和质量。充分发掘利用当地的自然景观、森林环境、休闲养生等资源，积极引入森林康养、休闲养生产业发展先进理念和模式，大力探索培育发展森林观光游览、休闲养生新业态，拓展国有林场和国有林区发展空间，促进生态经济对小镇经济的提质升级，提升小镇独特竞争力。

（二）森林小镇建设先行区又有新进展

1. 浙江省命名首批森林特色小镇

2018 年 12 月 25 日，浙江省林业局根据《关于推进森林特色小镇和森林人家建设的指导意见》以及省级森林特色小镇验收命名办法，正式命名乐清市龙西铁皮石斛小镇、安吉县山川森林休闲养生小镇、长兴县龙山森林休闲养生小镇、仙居县淡竹森林休闲养生小镇等14个创建单位为浙江省首批森林特色小镇。

专栏1-1

浙江省首批森林特色小镇命名名单

永嘉县鹤盛森林休闲养生小镇

乐清市龙西铁皮石斛小镇

安吉县山川森林休闲养生小镇

安吉县章村森林休闲养生小镇

安吉县上墅森林休闲养生小镇

安吉县天荒坪"两山"小镇

长兴县龙山森林休闲养生小镇

绍兴市柯桥区漓渚花木小镇

诸暨市赵家香榧小镇

磐安县尖山森林休闲养生小镇

武义县新宅森林休闲养生小镇

天台县街头森林休闲养生小镇

仙居县淡竹森林休闲养生小镇

遂昌县三仁畲乡笋竹小镇

专栏1-2

浙江省首批森林特色小镇典型案例

安吉县天荒坪"两山"小镇位于安吉县天荒坪镇余村。该村三面青山环绕，小溪绕村而过，漫山翠竹绿叶，入眼皆是美景。2005年8月15日，时任浙江省委书记的习近平到余村视察后，充分肯定了余村走绿色发展之路的做法，并在余村首次提出"绿水青山就是

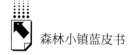
金山银山"的理念。十余年来，余村致力于把绿水青山转化为"金山银山"，集中精力开展生态文明建设，发展休闲旅游经济。时至今日，当地空气清新、村舍整洁、环境优美。

长兴县龙山森林休闲养生小镇所在区域山清水秀、植被茂盛、空气负氧离子浓度高，森林覆盖率在75%以上。依托优良的自然生态优势和丰富的林业特色产业基础，大力发展休闲养生和观光旅游产业，走"生态、养生、健康"之路，致力于打造一个能为游客提供身心双养，拥有较高品牌影响力的森林养生目的地。

武义县新宅森林康养小镇位于武义县东南部，是武义县行政区域面积最大的镇。新宅镇地域广阔，资源丰富，林木丰茂，森林面积14600多公顷，森林覆盖率达83.6%，其中挂牌的古树就有1000余株。新宅镇是以林业为主导产业的小镇，主要以食用菌产业和鹿业养殖为主，是有名的"香菇之乡"。近年来，新宅镇以森林、古道、梯田、溪涧、生态农村等资源为基础，以林业相关产业为主体，以鹿业养殖为鲜明特色，着力打造集林业养生、农产品生产、观光、游乐、运动、度假等功能于一体的森林特色小镇。

森林特色小镇是浙江省森林休闲养生产业的新生业态和主打品牌。浙江省"七山一水二分田"，大力推进森林特色小镇建设，可以充分拓宽林农就业增收渠道、促进山区经济发展，对发挥森林的多种功能、建设一流森林休闲养生福地、加快推进现代林业经济发展具有重要意义。自2015年11月提出创建森林特色小镇和森林人家，浙江省已先后公布四批共81个森林特色小镇创建名单，命名森林人家269个。数据显示，全省林业产业总产值已从2010年的1964亿元增长到2017年的5633亿元，全省90%以上的县（市、区）林业总产值超过10亿元，以全国2%的林地面积创造了全国8%的林业总产值，实现了从森林资源小省向林业经济大省的跨越。

专栏1－3

浙江省第四批森林特色小镇创建名单

杭州市临安区龙岗森林休闲养生小镇

桐庐县合村森林休闲养生小镇

淳安县姜家森林休闲养生小镇

宁波市海曙区鄞江森林休闲养生小镇

余姚市梁弄森林休闲养生小镇

温州市瓯海区泽雅森林休闲养生小镇

平阳县青街畲乡森林休闲养生小镇

安吉县杭垓竹产业小镇

绍兴市越城区富盛森林休闲养生小镇

绍兴市柯桥区稽东香榧小镇

绍兴市上虞区长塘森林休闲养生小镇

永康市前仓森林休闲养生小镇

磐安县盘峰森林休闲养生小镇

常山县何家森林休闲养生小镇

江山市张村油茶小镇

开化县齐溪森林休闲养生小镇

台州市黄岩区沙埠森林休闲养生小镇

临海市河头名茶小镇

仙居县官路森林休闲养生小镇

丽水市莲都区雅溪森林休闲养生小镇

龙泉市小梅森林休闲养生小镇

缙云县大源森林休闲养生小镇

2. 广东省开展新一轮森林小镇认定活动

2018年10月16日，广东省林业局认定广州市从化区温泉镇等32个镇（街道）为"广东省森林小镇"，涉及全省14个地级以上市。2017年广东省首批森林小镇名单公布，共计38个森林小镇，截至目前，广东省森林小镇数量已达70个。森林小镇是广东省森林城市建设的主要抓手，是振兴乡村、改善农村人居环境、建设宜居宜业美好家园的重要举措。广东省围绕"创森"大力推进全域森林小镇建设，组织编制了森林小镇建设总规和各森林小镇建设分规，以各类公园建设、道路景观提升等重点绿化项目作为着力点，持续优化城镇生态宜居环境。力求通过森林小镇建设，将森林城市建设向城镇和乡村延伸，补齐森林生态建设体系的短板。

专栏1-4

广东省森林小镇名单

广州市：增城区派潭镇　增城区正果镇　花都区梯面镇
　　　　南沙区黄阁镇　从化区温泉镇　花都区花山镇
　　　　增城区中新镇

深圳市：盐田区梅沙街道　大鹏新区南澳办事处
　　　　光明新区光明街道

珠海市：金湾区三灶镇

汕头市：南澳县后宅镇

佛山市：高明区明城镇　三水区南山镇　南海区西樵镇

韶关市：乐昌市九峰镇　南雄市帽子峰镇
　　　　始兴县深度水瑶族乡　翁源县江尾镇

河源市：东源县康禾镇

梅州市：梅江区金山街道　梅县区石扇镇
　　　　平远县上举镇　大埔县青溪镇

惠州市：博罗县横河镇　龙门县蓝田瑶族乡
　　　　惠城区横沥镇　惠阳区秋长街道

东莞市：东城街道　道滘镇　清溪镇　黄江镇
　　　　洪梅镇　樟木头镇　麻涌镇　望牛墩镇

中山市：南朗镇　板芙镇　古镇镇　南头镇
　　　　横栏镇　小榄镇　坦洲镇　东凤镇　沙溪镇

江门市：恩平市那吉镇　恩平市大田镇　台山市川岛镇
　　　　新会区崖门镇　新会区会城街道　台山市北陡镇
　　　　开平市大沙镇

阳江市：阳东区东平镇　阳春市春湾镇　海陵区闸坡镇

茂名市：信宜市钱排镇　高州市根子镇　电白区罗坑镇

肇庆市：鼎湖区凤凰镇　高要区水南镇
　　　　四会市罗源镇　德庆县官圩镇

潮州市：潮安区文祠镇　饶平县上饶镇
　　　　潮安区赤凤镇　龙门县南昆山管委会

汕尾市：陆河县南万镇　鹤山市宅梧镇　恩平市横陂镇

清远市：连南瑶族自治县三江镇

3. 四川省公布第二批省级森林小镇名单

四川自 2017 年开始启动森林小镇评选创建工作，其中广元天曌山国有林场申报的森林小镇被国家林业和草原局列入国家级森林小镇试点建设单位，剑阁县剑门关镇、洪雅县瓦屋山镇、青神县南城镇等13 个省级森林小镇荣获全国首批"最美森林小镇"称号。四川省级森林小镇认定标准主要涵盖森林覆盖率、绿化覆盖率、森林生态系统、植树造林、资源保护、森林文化六大指标。其中，核心是森林覆盖率，要求平原区小镇的森林覆盖率在 25% 以上，浅丘区超过 35%，深丘区则在 45% 以上，盆周山区和川西高山峡谷区 55% 以上。

2018 年 3 月 28 日，四川省绿化委员会、四川省林业厅公布第二批省级森林小镇名单，全省共有 35 个乡镇入选。《四川省森林小镇申报建设工作方案》指出，根据森林、湿地、绿地等生态资源禀赋，结合自然地理条件、历史文化特征，森林小镇创建分为生态旅游型、康养休闲型、产业园区型、竹林特色型 4 类。此次评选依据"生态优美、产业兴旺、乡风文明、特色鲜明"的要求，按照公平、公正和区域相对均衡的原则，结合行业专家的综合评定，最终评选出大邑县西岭镇等 35 个乡镇（林场）为第二批省级森林小镇。

专栏 1-5

四川省第二批省级森林小镇名单

成都市：大邑县西岭镇　邛崃市大同乡

攀枝花市：米易县草场乡

泸州市：合江县福宝镇

德阳市：绵竹市九龙镇　广汉市松林镇

绵阳市：江油市青莲镇

广元市：利州区天曌山林场　朝天区朝天镇　青川县姚渡镇

遂宁市：大英县通仙乡

内江市：威远县山王镇

乐山市：犍为县清溪镇　峨眉山市沙溪镇

南充市：仪陇县马鞍镇

宜宾市：翠屏区明威镇　高县庆岭乡　兴文县仙峰乡

广安市：邻水县柑子镇　武胜县白坪乡　万峰山林场

达州市：渠县龙潭镇　宣汉县白马镇　达川区百节镇

巴中市：巴州区化成镇

雅安市：名山区中峰乡　天全县紫石乡

眉山市：洪雅县柳江镇　丹棱县顺龙乡　仁寿县黑龙滩镇

资阳市：乐至县劳动镇

阿坝藏族羌族自治州：黑水县卡龙镇　壤塘县壤柯镇

甘孜藏族自治州：九龙县汤古乡

凉山彝族自治州：盐源县泸沽湖镇

（三）森林小镇建设后发地区积极开展创建工作

1. 贵州省在森林城市规划中着重强调森林小镇建设

贵州省森林城市建设起步较早，先后建成 2 个国家级和 20 个省级森林城市。其中贵阳市于 2004 年被国家林业局授予中国首个"国家森林城市"称号。贵州森林城市建设对改善城乡生态面貌、提高人居环境质量、传播生态文明理念、促进绿色发展起到了重要作用。但是贵州城市普遍缺林少绿，城市森林总量不足、面积不大、质量不高、功能不强、人均占有水平偏低，森林离居民远，分布不平衡，已不适应人口城市化进程和全面建成小康社会需要。为深入贯彻落实习近平总书记系列重要指示精神和中央的决策部署，贵州省林业局组织编制《贵州省森林城市发展规划（2018～2025 年）》，对今后一个时期贵州森林城市发展的总体思路、发展布局、建设任务、建设内容、建设重点以及保障措施进行规划。

《贵州省森林城市发展规划（2018～2025 年）》统筹山水林田湖草城，通过全面建设国家森林城市与森林城市群、全面建设省级森林城市、全面建设森林乡镇、全面建设森林村寨、全面建设森林人家，着力构建城乡一体、结构完备、功能完善、健康稳定的以森林为主体的城市生态系统。到 2025 年，力争建成 19 个国家森林城市、80 个省级森林城市、300 个森林乡镇、2000 个森林村寨、20000 户森林人家，形成完善的森林城市发展体系，使贵州成为全国森林城市建设示范省。

贵州省在规划中强调森林小镇建设以改善乡镇生态面貌、提升乡镇绿化质量、维护乡镇森林健康、发挥乡镇森林服务、优化居民生活环境为目标，全面加强建制镇的造林绿化、道路与水岸防护林、游憩林、经果林等森林生态系统建设，强调乡土树种使用和森林保护，加强森林休闲场地、科普设施、生态标识和主题森林步道建设。乡镇的相关指标达到《贵州省森林乡镇建设标准（试行）》的要求，主要指标有：林木覆盖率45%以上，乡镇建成区绿化覆盖率30%以上，建成区街道树冠覆盖率15%以上，村寨绿化覆盖率30%以上，水岸绿化覆盖率80%以上，道路绿化覆盖率80%以上；乡土树种数量占绿化树种使用数量的80%以上；建设5公顷以上休闲场所1处以上，建成具有比较完善的森林知识、森林文化标识系统，居民每万人拥有的绿道长度不少于0.4公里。

专栏1-6
贵州省森林旅游建设重点

森林公园。积极加强对现有森林公园基础设施建设，打造更好的游憩环境，开发新的旅游产品。积极新建一批国家级、省级森林公园，拓展森林游憩空间。

城郊型森林公园。积极推动城市郊区现有各级森林公园发挥好城郊型森林公园的作用，加大市县周边城郊型森林公园建设力度，鼓励有条件的乡镇建设城郊型森林公园。力争使每个地级市周边有2~3个，县（市、区）周边有2个、有条件的乡镇周边有1个城郊型森林公园，促进城市生态环境改善，为市民提供更多的游憩场所。

特色森林小镇。以优良的森林资源和生态环境为依托，以林业特色产业为基础，积极推进独具森林旅游特色的森林小镇建设。可以按照生态保护型森林小镇、休闲宜居型森林小镇、生态旅游型森林小镇、文化传承型森林小镇等模式进行建设。

森林旅游示范村。积极推进森林旅游发展基础好、集聚效益好的村落，进一步提升建设档次和服务质量，创建森林旅游示范村，为游客提供吃、住、购、娱等服务，带动林农增收，助力旅游扶贫。

森林康养基地。积极依托自身资源条件，突出自身特点和特色，构建不同类型和档次的森林康养基地。力争使各市州建有国内先进水平的森林康养基地1～2处，有条件的县（市、区）建设具有特色的森林康养基地1～2处。

森林体验基地。积极开发感知自然（通过视觉、听觉、嗅觉、味觉、触觉"五感"感悟大自然之美）、认知自然、体验自然等生态体验活动，推出一批具备森林游憩、感知、教育、体验等功能的森林体验基地。

森林露营地。在充分保护和利用天然地形及自然资源的前提下，推进汽车营地、房车营地、徒步露营地等森林露营地建设。

森林旅游赛事活动。积极举办"贵州森林旅游节""森林马拉松"等赛事活动。

2. 山东省公布首批森林乡镇名单

根据山东省政府办公厅印发的《关于实施造林绿化十大工程的通知》（以下简称《通知》），山东省于2018年开展山东省森林乡镇、森林村居创建活动。通知强调实施乡村绿化美化工程，积极建设乡村围村林、村庄公园、湿地小区，推进四旁植树、街道绿化，倡导庭院增绿、室内养绿，培植植绿、爱绿、护绿的优良乡风。每年创建森林村居500个，到2020年全省森林村居不少于2000个，省财政奖励每个村居5万元。

2018年11月，山东省公布首批省级森林乡镇和森林村居名单，确定分别授予商河县郑路镇等55个镇（乡、街道）"山东省森林乡镇"、济南市历城区唐王镇石徐村等500个村居"山东省森林村居"

称号。创建森林乡镇、森林村居是山东省森林城市建设的重要抓手，是振兴乡村、改善城乡人居环境，建设宜居宜业美好家园的重要举措。各地通过创建活动，既加快了造林绿化步伐，显著改善了城乡人居环境，又广泛传播了森林生态文化，增强了全社会生态文明意识，在全省产生了积极的示范带动作用。

专栏 1-7

山东省森林乡镇名单

济南市（4个）：商河县郑路镇、长清区双泉镇、济阳区仁风镇、历城区唐王镇

青岛市（5个）：胶州市里岔镇、胶州市洋河镇、城阳区城阳街道办事处、黄岛区灵山卫街道办事处、即墨区鳌山卫街道办事处

淄博市（3个）：淄川区西河镇、博山区池上镇、桓台县马桥镇

枣庄市（3个）：市中区永安镇、山亭区水泉镇、滕州市东沙河镇

东营市（2个）：广饶县大王镇、垦利区垦利街道

烟台市（4个）：招远市金岭镇、龙口市东江街道、海阳市方圆街道、莱州市金仓街道

潍坊市（5个）：昌乐县红河镇、安丘市石埠子镇、寿光市侯镇、临朐县寺头镇、坊子区黄旗堡街道

济宁市（5个）：邹城市香城镇、鱼台县王鲁镇、汶上县苑庄镇、金乡县卜集镇、泗水县星村镇

泰安市（3个）：肥城市新城街道、宁阳县东疏镇、新泰市泉沟镇

威海市（2个）：荣成市夏庄镇、乳山市冯家镇

日照市（2个）：五莲县汪湖镇、东港区南湖镇

莱芜市（1个）：钢城区颜庄镇

临沂市（5个）：沂水县高庄镇、平邑县地方镇、蒙阴县桃墟镇、莒南县洙边镇、临沭县青云镇

德州市（2个）：齐河县马集镇、陵城区边临镇

聊城市（3个）：东阿县牛角店镇、临清市烟店镇、高唐县杨屯镇

滨州市（3个）：邹平县焦桥镇、惠民县淄角镇、博兴县吕艺镇

菏泽市（3个）：单县浮岗镇、定陶区杜堂镇、曹县邵庄镇

3. 福建省以森林小镇建设为抓手发展森林旅游

福建省森林覆盖率高，森林景观资源丰富，发展森林旅游、森林康养产业具有得天独厚的优势。近年来，依托森林旅游示范县（市）、森林公园和森林人家，森林休闲康养旅游发展迅速，目前南靖等3个县被授予全国森林康养示范县，福州国家森林公园正在建设森林康养与森林体验示范基地，各级财政用于旅游基础设施建设、森林康养休闲项目补助等的投入逐年增加。福州旗山国家森林公园、泰宁金溪省级森林公园、周宁仙凤山省级森林公园、沙县罗岩山省级森林公园等地正在积极引进社会资本发展森林休闲康养旅游项目。建宁闽江源国家森林养生特色小镇、武夷大安时光森林小镇、永泰大湖森林特色小镇被列为首批50个国家森林小镇建设试点单位。

2018年，福建省重点打造以森林康养、森林体验及森林文化为主题的休闲健康旅游，依托森林小镇、森林人家、美丽乡村以及养生基地等创建工作，以点带面，推动全省森林休闲康养产业发展。一是进一步推动森林康养基地建设。依托森林公园、自然保护区等旅游地，加快森林体验馆、森林养生馆、森林浴场、健身步道等康养项目建设。二是以国家森林特色小镇首批试点为契机，积极发展旅居康养小镇、茶旅小镇等森林康养项目。三是推动"候鸟式"养老项目建

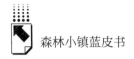
设，从全省现有的 82 个休闲集镇、584 个乡村旅游村中选择交通便利，资源特色明显的村、镇，升级打造康养文化主题小镇，打造福建省"候鸟式"森林康养品牌。

专栏 1 – 8

建宁闽江源国家森林养生小镇典型案例

建宁闽江源森林养生特色小镇从 2017 年开始规划创建，在规划布局上，分为"一轴、两翼、三区"，设七大功能区。在七大功能区中开发森林小镇客厅等 24 个项目。

小镇主导产业定位为森林养生、森林度假、森林运动和森林旅游，依托建宁县闽江源国有林场的山水旅游资源，规划利用建宁县闽江源国有林场大元工区的旧场部、旧厂房和职工安置小区，创造一种乐游、乐创、乐居、乐活的新田园生活模式，融合产业、文化、旅游、社区功能的创新发展平台。

招商引资是建设森林小镇的重中之重。建宁县出台优惠政策，整合资源，"栽好梧桐树，吸引凤凰来"。目前，正抓紧提升森林小镇内部的基础设施和美化小镇周边的森林景观，开展交通道路晋级改造，完成公路沿线一重山林分修复和森林质量提升 5000 亩，完成大源口部分农宅立面改造、香溪花谷花卉种植、河道整理等工作。为了高起点、高标准建设森林小镇，建宁高度关注和对接国家产业政策和投资导向，加大招商引资力度，精心策划一批低能耗高效益、科技含量高、辐射带动力强的好项目，推动项目快落地、稳推进、早见效，充分发挥项目带动作用，增强森林小镇发展后劲。

2018 年 4 月，建宁引进厦门凌云玉石有限公司投资玉家文化旅游开发项目，总投资 5 亿元，规划建成集生态价值体验、饮食文化、乡土文化于一体的旅游综合体与目的地。

二 2018～2019年中国森林小镇建设的成效与亮点

（一）森林小镇引领与示范带动作用显著增强

自2017年国家林业局发布要在国有林场和国有林区选择30个开展首批森林特色小镇建设试点以来，很多省份陆续开展或进一步加大力度推进各种示范建设，如安徽的森林旅游示范景区和"森林旅游人家"创建、江西的森林体验和森林养生基地试点、广西的"森林人家"建设试点、云南的森林旅游示范景区（县、村）创建、浙江的森林小镇人家建设、广东的森林小镇创建等。更多省市都将森林小镇的建设提上日程，2018年的森林小镇呈现出示范带动、引领发展的良好态势，森林小镇的建设也全国多点开花。

专栏1-9

2018年森林中国·发现森林文化小镇典型案例

云南省澜沧拉祜族自治县惠民镇：惠民镇位于云南省普洱市澜沧拉祜族自治县境内。森林覆盖率为74.64%，林木绿化率为90%。小镇四季如春，亚热带风光旖旎。民房为传统的干栏式吊脚楼，与美丽山水和千年古茶林交相呼应。惠民镇千年万亩古茶林是目前已知的世界上保存最完好、年代最久远、面积最大的人工栽培型古茶林，被国外权威专家学者誉为"茶树自然博物馆"，保存完好的茶树基因库。2012年11月，普洱景迈山古茶林成功入选《中国世界文化遗产预备名单》。小镇促进生态茶园改造，使生长在万木丛林中的古茶完全保留了自然生态面貌。全镇围绕古茶文化展示"茶祖之源""普洱茶之源""景迈古茶发源"，打造精品休闲观光茶园。以历史遗迹、古建

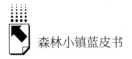

筑、休闲娱乐、乡村风光和民俗风情为主，将民族文化与森林生态景观融合，带动旅游产品和旅游商品市场。

湖北省当阳市庙前镇：庙前镇近年围绕"创建森林文化小镇"，动员和组织全镇人民兴林业、搞绿化，乡土树种数量占城镇绿化使用量的70%以上，目前全镇森林覆盖率达到75%。森林文化小镇建设资金纳入镇政府公共财政预算，按每年镇财政收入的1.5%落实专项经费，用于森林文化小镇建设和林业产业发展。在创建活动中，庙前镇动员和组织全镇人民积极参与，突出以乡土树种为主，通过乔、灌、花、草等合理配合，营造各种类型的森林和以林木为主体的绿地，形成以近自然森林为主的城镇森林生态系统。一级古树名木挂牌保护率达到100%。依托丰富的山林资源，庙前镇大力发展生态旅游产业，建设2个万亩湿地松基地，还建有烟集花海、关雎河畔、林桥蓝莓园、普邦生物园区，在庙前村建有瓦仓起义烈士陵园，将森林旅游与红色文化紧密结合。

山东省邹城市城前镇：城前镇位于"孟子故里"——邹城市最东部，是典型的山区农业大镇和林果之乡。通过实施系列造林绿化工程，全镇森林资源总量持续增长，生态环境不断改善，生态建设成效逐步显现。城前镇全力实施退耕还林、荒山绿化、绿色通道、镇村绿化等重点工程，乡土树种数量占乡镇绿化树种使用量的80%以上。镇政府委托专业团队，对森林文化小镇建设进行规划设计，涉及生态保护、产业发展、文化建设，最大限度地保留了原生态系统。城前镇将生态保护和经济发展相结合，充分发挥生态资源优势，建设了蓝陵桃花源、康王谷花世界等生态文化旅游项目，通过举办蓝陵桃花会、大樱桃采摘节等系列生态文化活动，有效促进当地群众增收致富。同时，大力开展森林文化建设，积极普及生态文化，设立了科普馆、文化墙、森林文化展板等公共体验设施和场所。

安徽省旌德县庙首镇：庙首镇是全国第一批"绿水青山就是金山银山"实践创新基地，也是旌德县最大的林业乡镇，全镇面积91.4平方公里，森林覆盖率高80%以上。全镇推深做实"林长制""河长制"，形成了森林城镇网络空间格局。推行绿色发展方式和生活方式，开展绿色机关、绿色学校、绿色村（社区）和绿色企业等创建。在小镇发展中最大限度保留原生态系统，乡土树种使用数量占城镇绿化树种使用数量的80%以上。庙首镇落实森林资源保护管理，注重森林资源与生物多样性保护，全镇共登记挂牌古树18株，建立了信息化管理系统。发动村民自治，将生态环境保护纳入村规民约。建立科普知识教育基地，开展生态文化教育。将村镇布局与产业布局紧密结合，讲好庙首"茶"文化、"茶"故事，拓展茶叶基地生态休闲旅游空间，做茶旅结合文章。

（二）森林小镇建设成为乡村振兴的重要抓手

2018年9月，中共中央国务院印发《国家乡村振兴战略规划（2018—2022年）》，以习近平总书记关于"三农"工作的重要论述为指导，按照产业兴旺、生态宜居、乡风文明、治理有效、生活富裕的总要求，对实施乡村振兴战略作出阶段性谋划，分别明确至2020年全面建成小康社会和2022年召开党的二十大时的目标任务，细化实化工作重点和政策措施，部署重大工程、重大计划、重大行动，确保乡村振兴战略落实落地，是指导各地区各部门分类有序推进乡村振兴的重要依据。

森林小镇建设，在城乡融合发展、农村经济结构改革、乡村绿色发展、乡村文化繁荣等方面发挥了重要作用，尤其在乡村振兴战略中的"生态宜居"方面。一方面，森林小镇的建设，通过积极开展乡村绿化，提升村旁、宅旁、路旁、水旁"四旁"绿化水平，直接有

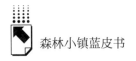
效地改善乡村的生活环境，提升乡村生态宜居的内部生态环境质量；另一方面，森林小镇的建设，通过积极开展城乡廊道绿化、远郊山体绿化和山水林田湖草综合治理，打造乡土气息浓郁的山水田园，为生态宜居的乡村打造良好的外部生态环境。

专栏 1－10

广东省大田森林小镇典型案例

广东大田森林小镇在"森林小镇"建设过程中，把"创森"与乡村振兴工作有机结合，把创建工作作为实现大田经济社会发展和改善人民群众居住环境的重大机遇来对待，并作为党委政府中心工作来抓。大田镇在乡村振兴工作中坚持"绿色本位"。一方面，保护好森林资源，发动干部群众共同营造优质人居环境，参与乡村振兴，使乡村振兴和"森林小镇"创建工作相得益彰。不仅坚决守住基本农田、饮用水源保护区、生态控制和林业生态"四条红线"，还盘活资源，抓好全域旅游，打造旅游亮点。聘请广东岭南规划设计院开展"森林小镇"专项总体规划编制工作，始终坚持"先保护、后开发"的原则，加大资源保护力度，严格落实生态环境保护措施，成立了护林员队伍，开展古树名木普查和挂牌保护工作，在大田镇朗北村建成恩平唯一一个"古树公园"，园中共有47棵古树。全面落实上级关于畜禽养殖禁养区管理规定，清理禁养区养殖场，改善源头水环境。另一方面，大田镇依托良好的生态资源优势和温泉旅游基础，因地制宜完善旅游设施，用绿水青山拥抱全域旅游，打造"红色＋"党建品牌，盘活了大田镇朗底革命老区丰富的红色旅游资源。同时，还深挖森林旅游文化，增强文旅融合、农旅结合，积极发展旅游农业，推介本土特色农产品，提升旅游魅力，推动乡村振兴。

（三）森林小镇建设促成多产业联动发展

很多森林小镇根据不同地域特色亮点，依托区域生态资源优势，整合资源、深度开发，各森林小镇以自身特色产业为入手点，以核心产业带动周边附属产业的发展，提高自身核心竞争力，增强小镇内部各产业之间的联合发展、均衡发展。着力探究核心产业与周边产业的内在联系，最大限度地发挥特色产业的带动作用。各森林小镇为给自身注入可持续发展的活力，积极推进核心产业链的形成，以特色产业为出发点，拓宽产业发展道路，增加产业丰富度，摸索具有小镇自身特色的产业链模式，不断地提高森林小镇的产业活力和产业魅力。针对森林小镇淡旺季较明显、产业发展过于单一集中等情况，各森林小镇以当地实际情况为基础，利用自身地理环境、自然资源等方面优势，在不同的季节开发出不同的特色项目，量身定订适合自身实际定出属于自己的全套发展方案，以维持森林小镇在各个季节的长久持续运行。

很多森林小镇意识到，要做出特色就要不断丰富优质生态产品的供给。把文化、康养、休闲、健身、教育等融入森林小镇，不断创造出有森林特色的生态产品，比如森林浴场、森林瑜伽、森林骑游、森林健步、森林游学、森林养生等更为丰富多样的生态产品，满足人们对森林优质产品的需求。只有产品丰富、多样、优质，森林小镇建设才会有生命力和可持续性。

（四）初步形成多方力量合力共建森林小镇的局面

近年来，森林小镇建设始终以开放的姿态面向社会，鼓励各种社会资源有序进入森林小镇领域，森林小镇成为吸引社会资本加速聚集的投资高地。2016年、2017年两届全国森林旅游投资与服务洽谈会现场签约额分别达230亿元、270亿元，吸引了诸多森

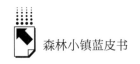

林旅游地、投资商、旅行社、金融机构等积极参与。越来越多的企业开始把目光转向森林旅游。中国纸业投资有限公司与国家林业局国有林场和林木种苗工作总站签订战略协议，合作共建森林小镇，设立"中国森林特色小镇建设发展基金"，扶持建设一批森林小镇试点。中国林业集团公司把森林旅游纳入经营主业范围，注册成立中林森旅控股有限公司，把森林旅游作为未来企业发展的重要方向。

森林小镇建设调动各类投资主体多元化、投入项目多元化和资金来源渠道多元化，从而保证森林小镇建设资金的充足。森林小镇利用PPP（政府和社会资本合作）模式进行项目开发，也通过项目融资，如产品支付、融资租赁、BOT（建设—经营—转让）融资、ABS（以项目所属资产为支撑的证券化）融资等方式。在此过程中，将民营企业中的效率引入公用项目，极大地提高了项目建设质量并且加快了项目建设进度。

如山东省德百森林小镇依托全球农业文化遗产，通过企业经营的创新模式，建立起具有当地和外地特色融合、一定知名度的生态旅游特色小镇。德百森林小镇于2018年6月19日正式开园。小镇是以"齐鲁印象体验地，宜居宜游椹仙村"为口号，以国家AAAA级景区黄河故道森林公园为辐射圈，以齐鲁民俗休闲体验为切入点，将传统民俗民风与夏津本地文化有机融合而打造的集吃、住、娱、购等多功能于一体的小镇。

三 中国森林小镇发展面临的问题与挑战

（一）森林小镇建设要素有待完善

森林小镇建设发展需要充分发挥人才队伍的基础性、战略性和决定性作用，充分调动投资主体提供多元化的资金来源，保障建设资金充足。此外，土地也是森林小镇建设发展不可缺少的要素。但是，现有森林小镇建设依然存在人才缺乏、资金不足和土地利用不合理等现象，亟待破解。

1. 人才队伍建设不到位，无法适应建设需求

首先，森林小镇建设和维护过程中人力资源缺乏。森林小镇建设所需的人力资源大量地向城镇转移，选择在城镇就业安家，使得林场工人数量减少，同时也导致森林小镇人口老龄化现象严重。同时，部分林场尚未形成有力的人才引进政策机制，缺乏新生力量的注入。森林小镇的建设发展需要新人才的涌入，并且需要人才能够在林场中长期工作下去，这样才能够为林场的发展提供持久的动力。

其次，森林小镇中的人才断档，部分现有工作人员学历水平较低，不利于小镇体制机制的创新。森林小镇所在地自然资源丰富，而基础设施建设则相对落后，缺少相应的激励机制，因此很难吸引到森林小镇建设的急需人才。同时，森林小镇建设面临技术力量薄弱、经营管理落后的问题，经营管理和技术队伍的断档，导致大部分调查规划缺乏严谨性和科学性，对本地特色产业、资源禀赋、文化遗存等比较优势认识和挖掘不深，部分产业的经营模式单一，发展模式生搬硬套，未能有效地结合本地的特色和优势，产业定位混乱，重点不突出。

最后，森林小镇文化人才队伍缺乏，基础教育不足。现阶段，调研区域森林小镇文化建设中，许多掌握一技之长的文化能人作用尚未发挥，比如一些民间艺术工作者，由于未得到相关政策支持，不得不转行从事其他工作，如何把他们聚集起来为森林小镇文化建设服务是当前面临的又一大难题。场办学校在国有林场改革过程中剥离开后，公共教育资源就比较缺乏，文化基础教育不足就会导致后续文化人才断档。森林小镇作为一个新生事物，离不开合理到位的宣传，如何打造文化"名片"，将自身独特的文化特色推介出去，以此带动经济发

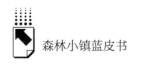
展效应也是目前亟须解决的问题。

2. 资金扶持力度不足，投资环境亟须优化

部分森林小镇处于国有林场改革时期，建设森林小镇政策支持力度小，面临资金总量有限、专项资金不足、配套资金缺乏等问题。同时，林场属于事业单位，无法直接在税收减免、用地审批上为招商企业给予优惠，一些地方性招商引资的相关政策，必须与地方政府协调解决，因此面临着新客商优惠政策不足、老客商后续服务政策不够等投资环境不优的问题。

林场市场机制引入不到位，缺乏有效的政策和规划。国有林场不仅与民营企业有着巨大差别，与国有企业也存在明显不同，其经营管理具有很强的社会性和政策性。一方面，国有林场承担的社会责任使其不适宜用市场化的方式，同时，国有林场地理位置的偏远和经营的限制性规定使市场主体也不愿投资，社会资本引入困难；另一方面，长期以来，国有林场主体实行粗放型经营，即使进行了林场改革，原有的经营方式并没有得到有效改善。经营方式的不成熟、对资源现状分析的片面性直接导致执行力差，难以开展有效的森林经营活动。

3. 土地利用不合理，难以满足建设要求

土地制度难以适应林区或泛林区建设用地需求。目前，"森林特色小镇"建设正在全国如火如荼地进行着，不少林场依托国有林场改革转型升级为森林小镇，各大林场在整合过程中普遍存在国有林场改革相关法律法规颁布时间过长，不适应现有发展的情况。此外，在建设过程中，遇到林场用地问题或者建设规划中涉及的房屋拆迁协商问题以及基建用地的审批存在与现有法规存在冲突的情况。总之，建设用地问题，由于牵扯面广，矛盾不容易解决，已然成为制约林区以及森林小镇建设和发展的重要因素之一，严重影响森林小镇建设工作的推进。从调研情况看，一些林场虽然完全符合"森林小镇"建设条件，但是由于建设用地划拨不到位使进程受到严重阻碍。根据规定，我国林场属于林业用地，而森林小镇房屋以及基础设施的建设，需要大量的建设用地，这就带来了林业用地和建设用地之间的土地划拨、调整问题。目前来看，各个地方的土地划拨都比较困难，审批十分严格，且经调整的土地需要缴纳数额不小的土地出让金，这无疑大大加重了林场的经济负担、降低了建设"森林小镇"的积极性。

大量存量建筑与建设用地闲置，林地整合困难。一方面，各种"办社会"功能从林场剥离出去后，大量场部、分场部存量建筑闲置下来并未进行妥善的处理，由于长时间不使用，已经处于废弃状态。对于遗留下来的建设用地，在审批上也是困难重重，无法投入到森林小镇建设规划上来。另一方面，在林地整合上，南方国有林场与北方国有林场相比面积要小得多，南方国有林场前身都是集体林场，通过国家逐步回购以及农民赠送才演变为现在的国有林场，导致林场规模小，呈现犬牙交错的局面，给林地整合以及林场有效管理带来一定的困难。

（二）体制机制障碍有待破除

森林小镇的申报、建设和核定流程一般在县（市、区）、市（州）逐级申报和分级核实的基础上，按照"公开、公平、公正"的原则，组织有关专家进行检查验收和综合评选。

各地森林小镇的申请、建设、审核主体在权利权限上存在着差异，体制机制障碍有待破除。以贵州省森林小镇申报流程为例，由各乡（镇、街道）人民政府作为申请主体，结合乡镇、村寨的自然资源情况和发展规划愿景，由乡（镇、街道）人民政府提出申请并报县人民政府审核后，向省绿化委员会办公室、省林业厅提出"森林小镇"的申请，最终由其根据建设情况和核查结果进行审定。而湖北太子山森林小镇的申报流程则是通过湖北省太子山林管局申报"太子山森林小镇"项目，但林管局不同于一级政府，许多行政管理

与社会服务职能已经或正在剥离，因此，部分申报事项需要依托所在地地方政府。

（三）区域发展差异较大

在各地森林小镇建设取得突破性进展的同时，地区差异愈加明显。

一方面表现在森林小镇建设步伐不统一。森林小镇以生态建设、绿色发展为基础，以"宜居宜养宜游"为目标，创造性地实现"四生一化、五位一体"的高度统一，是实现城乡居民美好生活的重要路径。因各省对森林小镇的认识存在差异，各省对建设森林小镇的支持度也不同，反映在地区发展上表现为森林小镇的建设阶段不同。部分省份高度重视，深入贯彻"绿水青山就是金山银山"的理念，着力开发挖掘森林价值资源，将其转化为地区发展的"硬实力"和"软实力"，提炼特色、形成规模，并打造品牌形象，发挥品牌效应，形成一批又一批的森林小镇建设名单。部分省份为助推国家生态文明试验区建设和大生态战略行动，贯彻创新、协调、绿色、开放、共享的发展理念，满足城乡居民对美好生活的需要和对生态产品的需求，竭力拓展森林小镇的多样功能，并将现实需求与战略储备相结合，塑造品牌产业，实现"互联网＋"下的三产融合，形成更加宜居宜业宜游的绿色家园。

尽管众多省份已开始森林小镇试点建设，但不难看出，森林小镇集中建设在东部以及中部经济较发达地区，西北部省份建设进展明显滞后。受温带大陆性气候影响，西部及北部水资源短缺，树木品种稀少，建设森林小镇的先决条件不足，森林小镇的发展举步维艰。除此之外，某些具有森林小镇发展潜力的地区，却因为外部问题无法得到有效开发，如政策支持力度不足、资金投入不足等，加上地区人才匮乏、资源整合利用效率低下，内外矛盾交加，使得森林小镇的建设陷入瓶颈。

另一方面表现为森林小镇建设的支持力度有差异。各地区经济发展水平存在一定差异，直接导致各地发展森林小镇的起步基础不同。其一，部分经济较好、资源优质丰富的地区，发展森林小镇具有先天优势，更易得到政策的扶持，上级部门也会重视其建设与发展；其二，处于贫困地区的城镇，面临的首要难题是脱贫攻坚，其基础设施差、交通不便，而且在资源的获取上远不如那些富饶地区。资源开发难度大、发展资金不足直接制约着森林小镇的建设水平。

四　促进中国森林小镇建设发展的对策与建议

（一）正确认识森林小镇，把握建设发展内涵

森林小镇作为中国特色小镇建设的重要类型和特殊形式，是在乡村小城镇发展和农民就地就近城镇化的过程中兴起的，核心为"四生一化、五位一体"，是以森林资源为依托、生态发展为导向，注重人与自然协调，绿色做底色，产业绘彩色，文化添成色的"产、城、人、文"有机融合的综合空间。

广义上说，森林小镇以林区为主，森林资源丰富、森林特质显著，兼及市郊镇、市中镇、园中镇、镇中镇等多种类型的地域空间；亦是森林资源丰富、生态环境良好的国有林场和国有林区林业局的场部、局址、工区等适居地点。

狭义上说，森林小镇依托森林资源和生态优势，建设接待设施齐全、基础设施完备、服务功能完善，以提供森林观光旅游、休闲度假、运动养生等生态产品和服务为主要特色的，融产业、文化、旅游和社区功能于一体且宜居宜养宜游的创新发展平台。

森林小镇的建设是"两山"理念等新发展理念的坚定实践，是坚持绿色生态导向、推进农业现代化及农村可持续发展和统筹城乡生态建设的重要举措和抓手。开展森林小镇建设，有利于提高国有林场

和国有林区吸引和配置林业特色产业要素的能力，推动资源整合、产业融合，促进产业集聚、创新和转型升级；有利于深化国有林场和国有林区改革，助推林场林区转型发展，改善国有林场和国有林区生产生活条件、增加职工收入，增强发展后劲；有利于促进林业供给侧结构性改革，提高生态产品和服务供给能力和质量，不断满足广大人民群众日益增长的生态福祉需求；有利于保护生态和改善民生，促进国有林场和国有林区经济发展、林农增收，助推脱贫攻坚，促进城乡居民生态服务均等化，着力践行习近平总书记提出的"绿水青山就是金山银山"等新发展理念。因此，森林小镇建设必将成为中国新时代实施乡村振兴战略、绿色发展和美丽中国建设的重要推进平台。

（二）充分利用人才、资金、土地要素，强化小镇发展要素支撑

引进人才，强化小镇发展人力支撑。一方面，加强人才培训，提高综合素养。加强员工职业培训和文化教育，提高综合素质和业务能力。高度重视高素质专业技术人才培养工作。加强各类林业人才教育培训基地建设，为各类林业人才培养基地提供必要的政策扶持。另一方面，广泛吸纳人才，提升团队竞争力。广泛吸纳优秀人才进入工作岗位。完善政策，提高工资待遇，吸引社会众多人才加入小镇建设，对小镇中具有较大发展潜力的优秀团队进行重点扶持与建设。健全激励机制，吸引国内外森林小镇建设相关领域专业人才参与森林小镇发展和建设，积极与国内外高等院校和科研院所建立良好的合作关系。

创新融资模式，摆脱"等、靠、要"。森林小镇建设可以调动各类投资主体多元化、投入项目多元化和资金来源渠道多元化，从而保证森林小镇建设资金的充足。可以利用 PPP 模式进行项目开发，也可以通过项目融资，如产品支付、融资租赁、BOT 融资、ABS 融资等融资方式，把私营企业中的效率引入公用项目，极大地提高项目建

设质量并且加快项目建设进度。

土地要素方面，一是要盘活存量建筑和建设用地，如国有林场场部、分场部存量建筑的修复，旧局址、场址的建设用地重新规划、报批和建设旅游设施用房；二是建议相关部委会商制定农业林业生产管理用房用地规范及旅游业和康养业建筑用地规范，制定国务院办公厅关于装配式建筑指导意见用于特色小镇建设的办法和规范；三是增设特色小镇建设用地专门指标，扶持其发展；四是推动以土地产权为核心的农村产权制度改革，为森林特色小镇建设提供基本制度支撑。

（三）规范体制机制，完善制度设计

坚持政府高位推动，将森林小镇建设纳入政府的重要议事日程。加强组织领导，健全管理体制，明确分工，落实责任。建立健全组织领导机制，强化对森林小镇建设的统一组织、统一规划、统一协调、统一建设和统一管理。建立部门协调合作机制，协调相关部门各司其职，强化管理运行机制方面的保障，形成合力。

各级政府要结合本地条件，出台系统的配套政策，将森林小镇建设作为新型城镇建设中公益性、基础性工程加以整体推进。将森林小镇建设纳入地方国民经济与社会发展规划和城镇化建设发展规划，构建森林小镇建设的城乡一体化机制，出台相关政策。研究并制定森林小镇建设重大项目管理办法，制定鼓励政策，对森林小镇建设提供相应的税收优惠等政策。

（四）加强森林小镇示范引领与区域协作

森林小镇的建设要坚持生态导向、保护优先，坚持科学规划、有序发展，坚持政府引导、多元化合作，更要坚持试点先行、稳步推进。优先选择发展基础好、政府支持力度大、建设积极性高的国有林

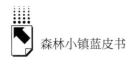

场和国有林区作为发展试点。在及时总结试点成功经验和模式的基础上，逐步示范推广、稳步推进。

同时，为消除森林小镇发展两极化、构建区域协调合作化发展，各地区应当密切合作，构建森林小镇交流平台，共享森林小镇发展经验，互相借鉴，取长补短，共同发展。森林小镇的协作范围，既可以是地理上的区域分布，也可以是网络上的交互空间，通过构建多层次的协作发展体系，实现森林小镇的有机整合，充分发挥品牌效应，打造森林小镇"绿色带"，形成以森林城市群、国家森林城市、省级森林城市、森林乡镇、森林村寨和森林人家为主的森林小镇建设体系。

一是森林小镇的协作是多层次的，可以从交通衔接、产业链合作等方面入手，以发展速度较快的森林小镇带动周边发展滞后的森林小镇，形成区域一体化发展，最终形成森林小镇的整体推进。二是森林小镇的协作应当注重资源的整合，提高整体资源的利用效率，发挥各区域的相对优势，既要形成整体化协同发展，又要突出差异化特色经营。三是发展经验要与现实需求相结合，因地制宜，高起点规划、高标准建设、高质量发展，最大限度地挖掘区域发展潜力，打造一体化区域品牌，团结协作推动森林小镇的建设发展。

B.2
2018～2019年全国最美森林小镇发展指数报告[*]

摘　要：　森林小镇是特色小镇的重要类型和特殊形式，是全面贯彻生态文明战略的新举措，具有重大现实意义。为更好推进森林小镇发展、服务美丽中国建设，发展中国论坛于2017年9月启动全国最美森林小镇100例评选活动，2018年公布19个全国最美森林小镇，2019年公布6个全国最美森林小镇，共计25个。为进一步跟踪评估最美森林小镇建设发展情况、挖掘最美森林小镇建设的典型做法、分享最美森林小镇建设的主要经验、深化最美森林小镇之间的交流，发展中国论坛尝试推出《2018～2019年全国最美森林小镇发展指数报告》，以期进一步推动最美森林小镇建设与评选工作。

关键词：　最美森林小镇　指标体系　发展指数

　　森林小镇是特色小镇的重要类型和特殊形式，以森林资源为依托，以绿色发展为导向，注重生命、生态、生产、生活和文化的"四生一化""五位一体"，是森林特质显著、多重功能融合的创新创业平台，是践行习近平总书记"绿水青山就是金山银山"发展理念

---

[*] 本报告执笔：倪建伟、杨叶帆、张宇翔。

的生动实践，促进新时代中国特色新型城镇化健康发展，建设美丽中国和健康中国的有效路径，具有重大现实意义。

为更好推进森林小镇发展、服务美丽中国建设，发展中国论坛于2017年9月启动全国最美森林小镇100例评选活动，2018年公布19个全国最美森林小镇，2019年公布6个全国最美森林小镇，共计25个。入选的25个最美森林小镇经过1~2年建设后的变化与进步亟须跟踪评估，以便了解掌握现实发展情况、挖掘典型做法、分享主要经验、深化互动交流。为此，发展中国论坛特推出《2018~2019年全国最美森林小镇发展指数报告》。

表1　全国最美森林小镇名单一览

序号	所在地区	森林小镇名称
1	深圳盐田	梅沙生态旅游型森林小镇
2	四川巴中	空山生态旅游型森林小镇
3	四川巴中	光雾山生态旅游型森林小镇
4	四川乐山	芭沟生态旅游型森林小镇
5	四川资阳	龙台生态旅游型森林小镇
6	广东广州	派潭生态旅游型森林小镇
7	四川攀枝花	平地生态旅游型森林小镇
8	四川眉山	瓦屋山森林康养型森林小镇
9	四川眉山	南城生态旅游型森林小镇
10	广东江门	大田生态旅游型森林小镇
11	广东江门	那吉生态旅游型森林小镇
12	四川雅安	紫石森林康养型森林小镇
13	四川雅安	碧峰峡生态旅游型森林小镇
14	四川广元	剑门关生态旅游型森林小镇
15	四川广元	曾家生态旅游型森林小镇
16	四川广元	白朝生态康养型森林小镇
17	山东德州	德百生态旅游型森林小镇
18	山西晋城	横河养生慢享型森林小镇
19	四川广元	天曌山森林康养型森林小镇

序号	所在地区	森林小镇名称
20	黑龙江绥棱	绥棱生态旅游型森林小镇
21	四川成都	西岭生态旅游型森林小镇
22	四川雅安	九襄生态旅游型森林小镇
23	广东江门	横陂岭南水乡型森林小镇
24	四川眉山	柳江生态旅游型森林小镇
25	湖北太子山林场	太子山生态旅游型森林小镇

一 全国最美森林小镇发展指数评价体系构建

1. 评价指标选取的基本原则

第一，系统性与层次性相结合的原则。最美森林小镇是一个包括众多指标构成的完整体系，要科学客观全面反映生命、生态、生产、生活和文化的"四生一化""五位一体"的真实情况。同时，为便于识别和比较，按照系统论原理，需要将指标体系按系统性、层次性进行构筑。

第二，协调性与弱相关性相结合的原则。最美森林小镇包括不同层面的多方面内容，各个方面又有一个或多个指标可以衡量，每一层面的各个特征（指标）必须协调；同时，尽量使每个指标都有较强的鉴别能力，都可以在一定程度上用于区分最美森林小镇发展的差异，即每个指标具有相对独立性和弱相关性。

第三，实用性与可比性相结合的原则。构建指标的目的是为了更好地应用，特别要考虑不同区域、不同类型最美森林小镇的差异性和可对比性，要考虑与国家现行的核算体系与统计标准相对应，以森林小镇和地方行政管理部门公布的统计数据为准，选择易量化的指标，方便做定量研究、汇总与比较分析。

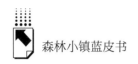

第四，全面性与主次性相结合的原则。指标选择既要反映最美森林小镇发展在生命、生态、生产、生活和文化上的"全貌"，更需要确定森林相关的核心指标和特色指标，在保障典型性和代表性的基础上，做到少而精。

2. 评价指标体系的基本架构

根据上述原则，课题组综合理论频次分析结果与实际问卷采集数据情况，将原有5个方面33个指标精简为4个方面7个指标，具体如下：

表2 全国最美森林小镇评价指标体系

所属领域	指标	单位
生态	森林覆盖率	%
	全年空气质量优秀天数	天
	日均空气负氧离子浓度	万个/立方厘米
生产	人均地区生产总值比值	%
	旅游产业生产总值占比	%
生活	人均可支配收入	元
文化	大专及以上学历人数占比	%

3. 评价指标的具体释义

（1）森林覆盖率

指标内涵：森林覆盖率是指以行政区域内森林面积与土地面积的百分比。森林面积包括郁闭度0.2以上的乔木林地面积和竹林地面积、国家特别规定的灌木林地面积、农田林网以及村旁、路旁、水旁、宅旁林木的覆盖面积。

选取理由：森林覆盖率是反映地区森林面积占有情况或森林资源丰富程度及实现绿化程度的指标，又是确定森林经营和开发利用方针的重要依据。因此，选取森林覆盖率作为最美森林小镇的评价指标。

计算方法：森林面积/土地面积；单位:%。

（2）全年空气质量优秀天数

指标内涵：空气质量指数是定量描述空气质量状况的非线性无量纲指数。其数值越大、级别和类别越高、表征颜色越深，说明空气污染状况越严重，对人体的健康危害也就越大。全年空气质量优秀天数，即指一年中空气质量指数在区间［0，365］内的天数。

选取理由：全年空气质量优秀天数反映了森林小镇全年的空气质量状况与空气污染程度，是确定小镇宜居、宜游的重要依据。因此选取全年空气质量优秀天数作为最美森林小镇的评价指标。

计算方法：一年中空气质量指数在区间［0，365］内的天数；单位：天。

（3）日均空气负氧离子浓度

指标内涵：负氧离子是指获得多余电子而带负电荷的氧气离子，它是空气中的氧分子结合了自由电子而形成的。空气负氧离子被誉为空气中的维生素，能降解中和空气中的有害气体，同时具有调节人体生理机能、消除疲劳等功能。

选取理由：负氧离子是空气新鲜度和评判当地人居环境质量的正向指标，是森林、湿地等自然生态系统的重要生态服务产品之一，与生态环境保护、民生生活质量密切相关，是各级政府和公众社会关注的热点之一。负氧离子监测能很好地反映空气、人居环境质量和生态建设为社会提供生态产品的价值。因此，选取日均空气负氧离子浓度作为最美森林小镇的评价指标。

计算方法：全年空气负氧离子浓度的算数平均数；单位：万个/立方厘米。

（4）人均地区生产总值比值

指标内涵：人均地区生产总值是衡量地区经济发展状况的重要指

标，也是反映地区居民生活水平的重要指标。人均地区生产总值比值，指小镇内人均地区生产总值与小镇所在县（区）人均地区生产总值的比值。

选取理由：不同地域的森林小镇地区生产总值差距较大，且受到人口等因素的影响明显，为增强指标可比性，用小镇的人均地区生产总值与小镇所在县（区）人均地区生产总值进行比值计算，其结果更好地反映小镇在当地的发展水平。

计算方法：（小镇地区生产总值/小镇常住人口）／［小镇所在县（区）地区生产总值/县（区）常住人口］；单位:％。

（5）旅游产业生产总值占比

指标内涵：旅游产业生产总值是占比指旅游产业生产总值在地区生产总值中所占比重。

选取理由：旅游业是当前森林小镇发展的主要业态选择，更为重要的是，旅游产业的发展会为这一地区带来价值提升效应、品牌效应、生态效应。因此，森林小镇旅游产业生产总值占比不仅可以直观地反映小镇旅游业发展状况，还可间接反映小镇品牌价值和生态价值。

计算方法：旅游产业生产总值/森林小镇地区生产总值；单位:％。

（6）人均可支配收入

指标内涵：人均可支配收入是指居民可用于最终消费支出和储蓄的总和，即居民可自由支配的收入。

选取理由：人均可支配收入被认为是居民消费开支的决定性因素，常被用于衡量一个国家或地区生活水平的变化情况。不同地域的森林小镇居民生活水平的差异主要体现在人均可支配收入差距，因此，为了增强指标可比性，用小镇的人均可支配收入与小镇所在县（区）人均可支配收入进行比值计算，其结果反映了小镇居民的生活水平与当地城镇居民平均水平的差异。

计算方法：森林小镇人均可支配收入/小镇所在县（区）城镇居民人均可支配收入；单位:%。

（7）大专及以上学历人数占比

指标内涵：大专及以上学历人数占比是指大专及以上学历人数在森林小镇常住人口中所占比重。

选取理由：人才是影响地区长期发展重要因素，森林小镇的规划、开发、运营等各方面都需要拥有专业强、技术强、能力强的高水平人才。因此，选取大专及以上学历人数占比作为衡量最美"森林小镇"的评价指标。

计算方法：森林小镇内大专及以上学历人数/森林小镇常住人口；单位:%。

二　全国最美森林小镇发展指数评价赋值与计算

1. 评价指标的赋值标准

（1）森林覆盖率

参考《国家森林城市评价指标》（GB/T 37342—2019）中对县级城市林木覆盖率的指标要求，结合各森林小镇具体情况制定森林小镇森林覆盖率赋值标准。

小镇森林覆盖率30%为合格标准，赋值60分，森林覆盖率50%及以上为满分100分，即在区间［50，100］内赋值100分；森林覆盖率2.5%以下赋值0分，即在区间［0，2.5）内赋值0分。其中，将区间［2.5，50）划分为19个子区间，每个子区间长度为2.5。

表3　森林覆盖率赋值量

森林覆盖率（%）	[50,100]	[47.5,50)	[45,47.5)	[42.5,45)	[40,42.5)	[37.5,40)	[35,37.5)
分值	100	95	90	85	80	75	70
森林覆盖率（%）	[32.5,35)	[30,32.5)	[27.5,30)	[25,27.5)	[22.5,25)	[20,22.5)	[17.5,20)
分值	65	60	55	50	45	40	35
森林覆盖率（%）	[15,17.5)	[12.5,15)	[10,12.5)	[7.5,10)	[5,7.5)	[2.5,5)	[0,2.5)
分值	30	25	20	15	10	5	0

（2）全年空气质量优秀天数

小镇全年空气质量优秀天数300天为合格标准，赋值60分，全年空气质量优秀天数340天及以上为满分100分，即在区间［340，365］内赋值100分；全年空气质量优秀天数245天以下赋值0分，即在区间［0，245）内赋值0分。其中，将区间［245，340）划分为19个子区间，每个子区间长度为5。

表4　全年空气质量优秀天数赋值量

优秀天数（天）	[340,365]	[335,340)	[330,335)	[325,330)	[320,325)	[315,320)	[310,315)
分值	100	95	90	85	80	75	70
优秀天数（天）	[305,310)	[300,305)	[295,300)	[290,295)	[285,290)	[280,285)	[275,280)
分值	65	60	55	50	45	40	35
优秀天数（天）	[270,275)	[265,270)	[260,265)	[255,260)	[250,255)	[245,250)	[0,245)
分值	30	25	20	15	10	5	0

（3）日均空气负氧离子浓度

小镇日均空气负氧离子浓度 1 万个/立方厘米为合格标准，赋值 60 分，日均空气负氧离子浓度 1.4 万个/立方厘米及以上为满分 100 分，即在区间 ［1.4，+∞) 内赋值 100 分；日均空气负氧离子浓度 0.45 万个/立方厘米以下赋值 0 分，即在区间 ［0，0.45) 内赋值 0 分。其中，将区间 ［0.45，1.4) 划分为 19 个子区间，每个子区间长度为 0.05。

表 5　日均空气负氧离子浓度赋值量

浓度(万个/立方厘米)	[1.4, +∞)	[1.35,1.4)	[1.3,1.35)	[1.25,1.3)	[1.2,1.25)	[1.15,1.2)	[1.1,1.15)
分值	100	95	90	85	80	75	70
浓度(万个/立方厘米)	[1.05,1.1)	[1,1.05)	[0.95,1)	[0.9,0.95)	[0.85,0.9)	[0.8,0.85)	[0.75,0.8)
分值	65	60	55	50	45	40	35
浓度(万个/立方厘米)	[0.7,0.75)	[0.65,0.7)	[0.6,0.65)	[0.55,0.6)	[0.5,0.55)	[0.45,0.5)	[0,0.45)
分值	30	25	20	15	10	5	0

（4）人均地区生产总值比值

小镇人均地区生产总值比值 80% 为合格标准，赋值 60 分，人均地区生产总值比值 100% 及以上为满分 100 分，即在区间 ［100，+∞) 内赋值 100 分；人均地区生产总值比值 52.5% 以下赋值 0 分，即在区间 ［0，52.5) 内赋值 0 分。其中，将区间 ［52.5，100) 划分为 19 个子区间，每个子区间长度为 2.5。

表6　人均地区生产总值比值赋值量

比值 (%)	$[100,+\infty)$	$[97.5,100)$	$[95,97.5)$	$[92.5,95)$	$[90,92.5)$	$[87.5,90)$	$[85,87.5)$
分值	100	95	90	85	80	75	70
比值 (%)	$[82.5,85)$	$[80,82.5)$	$[77.5,80)$	$[75,77.5)$	$[72.5,75)$	$[70,72.5)$	$[67.5,70)$
分值	65	60	55	50	45	40	35
比值 (%)	$[65,67.5)$	$[62.5,65)$	$[60,62.5)$	$[57.5,60)$	$[55,57.5)$	$[52.5,55)$	$[0,52.5)$
分值	30	25	20	15	10	5	0

（5）旅游产业生产总值占比

小镇旅游产业生产总值占比30%为合格标准，赋值60分，旅游产业生产总值占比50%及以上为满分100分，即在区间［50，100］内赋值100分；旅游产业生产总值占比2.5%以下赋值0分，即在区间［0，2.5）内赋值0分。其中，将区间［2.5，50）划分为19个子区间，每个子区间长度为2.5。

表7　旅游产业生产总值占比赋值量

占比 (%)	$[50,100]$	$[47.5,50)$	$[45,47.5)$	$[42.5,45)$	$[40,42.5)$	$[37.5,40)$	$[35,37.5)$
分值	100	95	90	85	80	75	70
占比 (%)	$[32.5,35)$	$[30,32.5)$	$[27.5,30)$	$[25,27.5)$	$[22.5,25)$	$[20,22.5)$	$[17.5,20)$
分值	65	60	55	50	45	40	35
占比 (%)	$[15,17.5)$	$[12.5,15)$	$[10,12.5)$	$[7.5,10)$	$[5,7.5)$	$[2.5,5)$	$[0,2.5)$
分值	30	25	20	15	10	5	0

（6）人均可支配收入比值

小镇人均可支配收入比值80%为合格标准，赋值60分，人均可支配收入比值 100% 及以上为满分 100 分，即在区间 ［100，＋∞）内赋值 100 分；人均可支配收入比值 52.5% 以下赋值 0 分，即在区间 ［0，52.5）内赋值 0 分。其中，将区间 ［52.5，100）划分为 19 个子区间，每个子区间长度为 2.5。

表 8　人均可支配收入比值赋值量

比值（%）	［100，＋∞）	［97.5,100）	［95,97.5）	［92.5,95）	［90,92.5）	［87.5,90）	［85,87.5）
分值	100	95	90	85	80	75	70
比值（%）	［82.5,85）	［80,82.5）	［77.5,80）	［75,77.5）	［72.5,75）	［70,72.5）	［67.5,70）
分值	65	60	55	50	45	40	35
比值（%）	［65,67.5）	［62.5,65）	［60,62.5）	［57.5,60）	［55,57.5）	［52.5,55）	［0,52.5）
分值	30	25	20	15	10	5	0

（7）大专及以上学历人数占比

小镇大专及以上学历人数占比 6% 为合格标准，赋值 60 分，大专及以上学历人数占比 14% 及以上为满分 100 分，即在区间 ［14，100］内赋值 100 分；大专及以上学历人数占比 0.5% 以下赋值 0 分，即在区间 ［0，0.5）内赋值 0 分。其中，将区间 ［6，14）划分为 8 个子区间，每个子区间长度为 1；将区间 ［0.5，6）划分为 11 个子区间，每个子区间长度为 0.5。

表 9　大专及以上学历人数占比赋值量表

占比（%）	［14,100］	［13,14）	［12,13）	［11,12）	［10,11）	［9,10）	［8,9）
分值	100	95	90	85	80	75	70
占比（%）	［7,8）	［6,7）	［5.5,6）	［5,5.5）	［4.5,5）	［4,4.5）	［3.5,4）

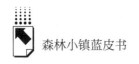
续表

分值	65	60	55	50	45	40	35
占比（%）	[3,3.5)	[2.5,3)	[2,2.5)	[1.5,2)	[1,1.5)	[0.5,1)	[0,0.5)
分值	30	25	20	15	10	5	0

2. 发展指数的计算方法

第一步，根据全国最美森林小镇发展指数调查问卷，梳理每个小镇7个指标的原始值，并通过官方渠道采集所在县（区、市）地方生产总值、城镇居民人均可支配收入及常住人口等对比计算所需的基础数据，形成原始数据统计表。

第二步，根据上述7个指标赋值标准进行相应赋值。

第三步，运用简单算术平均的方法，计算得到每一个最美森林小镇发展指数Ⅰ。

第四步，为更加全面科学反映发展指数评价的科学性，课题组在强调区域差异进行最美森林小镇与所在区域发展比较的同时，也强调入选最美森林小镇之间的比较。因此，每一指标根据原始数据，设定最高数值的小镇为100分，其余小镇按照原始数据与最高数值小镇的比例计算得分，即某一指标某最美森林小镇原始数据/该指标原始数据中的最高值×100。

第五步，运用简单算术平均的方法，计算得到每一个最美森林小镇发展指数Ⅱ。

第六步，对最美森林小镇发展指数Ⅰ和Ⅱ进行简单算术平均，得到最美森林小镇发展指数Ⅲ，即为最终得分。

三 2018～2019年全国最美森林小镇发展指数评价结果

2018～2019年全国最美森林小镇发展指数评价对入选的25个小

镇进行问卷调查，依据上述方法进行计算得到如下结果。需要说明的是，为便于比较研究，问卷调查中缺失的数据计为 0 分，官方统计数据查找中出现县（区、市）数据缺失情况的，用所在上一级城市相应数据代替。

1. 2018～2019年全国最美森林小镇发展指数评价的原始数据

课题组通过对调查问卷数据的整理，形成 2018～2019 年全国最美森林小镇发展指数评价的原始数据表，具体如下。

表 10　2018～2019 年全国最美森林小镇发展指数评价的原始数据

编号	名称	森林覆盖率（%）	全年空气质量优秀天数（天）	日均空气负氧离子浓度（万个/立方厘米）	地区生产总值（亿元）	旅游产业生产总值（亿元）	常住人口数量（人）	人均可支配收入（元）	大专及以上学历人数（人）
1	梅　沙	69.98	365	3.213	153.20	93.40	24113	57256	1903
2	空　山	95.00	365	2.5	0.80	0.31	5100	8541	1618
3	光雾山	98.60	355	2.29	3.40	2.49	2860	11000	190
4	芭　沟	66.40	339	0.41	0.73	0.03	8905	19773	1798
5	龙　台	56.74	295	0.1623	16.01	1.20	81000	17500	6500
6	派　潭	0.00	0.00	0.00	0.00	0.00	0.00	0.00	0.00
7	平　地	79.00	365	0.6	2.80	0.30	14385	17103	1587
8	瓦屋山	92.00	300	1.85	5.00	0.01	16020	16571	2256
9	南　城	32.00	326	0.15	13.20	1.50	18600	19464	2660
10	大　田	71.63	295	0.125	9.34	4.45	20155	24278	1125
11	那　吉	71.24	300	0.125	4.90	0.15	15000	11986	3540
12	紫　石	91.00	360	2.5	2.35	0.10	2000	31000	115
13	碧峰峡	85.00	342	2.23	2.46	0.11	6572	1580	470
14	剑门关	55.75	362	2.1	3.80	1.90	15850	7360	645
15	曾　家	74.00	360	1.2	17.36	16.15	8000	12981	150
16	白　朝	83.70	360	0.5	1.26	0.14	5761	11037	58
17	德　百	40.00	325	1.165	10.00	6.00	1800	20000	400

续表

编号	名称	森林覆盖率（％）	全年空气质量优秀天数（天）	日均空气负氧离子浓度（万个/立方厘米）	地区生产总值（亿元）	旅游产业生产总值（亿元）	常住人口数量（人）	人均可支配收入（元）	大专及以上学历人数（人）
18	横　河	90.00	360	0.9	0.55	0.08	2415	10516	215
19	天曌山	96.50	360	0.45	1.90	1.30	15000	12670	4000
20	绥　棱	78.40	350	1.5	5.41	0.85	36000	12710	3378
21	西　岭	95.40	365	4.6	10.80	10.50	4823	19761	231
22	九　襄	74.00	365	0.4764	3.81	0.85	79889	36	13326
23	横　陂	54.23	238	0.13	14.04	0.72	31280	20485	1325
24	柳　江	79.00	279	0.9	23.10	12.40	18400	18565	200
25	太子山	85.00	340	1.4836	1.77	0.23	2200	67425	187

注：数据缺失计为0。

2. 2018～2019年全国最美森林小镇发展指数Ⅰ

（1）指标赋值

根据原始数据和赋值标准，2018～2019年全国最美森林小镇发展指数赋值情况具体如下。

表11　2018～2019年全国最美森林小镇发展指数赋值

序号	名称	森林覆盖率	全年空气质量优秀天数	日均空气负氧离子浓度	人均地区生产总值比值	旅游产业生产总值占比	人均可支配收入比值	大专及以上学历人数占比
1	梅　沙	100	100	100	100	100	100	65
2	空　山	100	100	100	75	75	0	100
3	光雾山	100	100	100	100	100	15	60
4	芭　沟	100	95	0	0	5	100	100
5	龙　台	100	55	0	25	0	5	70
6	派　潭	0	0	0	0	0	0	0
7	平　地	100	100	20	0	20	0	85

序号	名称	森林覆盖率	全年空气质量优秀天数	日均空气负氧离子浓度	人均地区生产总值比值	旅游产业生产总值占比	人均可支配收入比值	大专及以上学历人数占比
8	瓦屋山	100	60	100	60	0	5	100
9	南城	60	80	0	100	20	15	100
10	大田	100	55	0	88	95	100	55
11	那吉	100	60	0	65	5	20	100
12	紫石	100	100	100	100	5	100	55
13	碧峰峡	100	100	100	75	5	0	65
14	剑门关	100	100	100	55	100	0	40
15	曾家	100	100	80	100	100	0	15
16	白朝	100	100	10	0	20	0	10
17	德百	80	85	75	100	100	50	100
18	横河	100	100	50	0	30	0	70
19	天曌山	100	100	5	0	30	0	100
20	绥棱	100	100	100	10	30	5	75
21	西岭	100	100	100	100	100	15	45
22	九襄	100	100	5	0	35	0	100
23	横陂	100	0	0	100	10	100	40
24	柳江	100	35	50	100	100	10	10
25	太子山	100	100	100	100	25	100	70

（2）专项评分与排名

计算得到 2018~2019 年全国最美森林小镇发展指数 I 生态、生产、生活和文化等专项评分与排名，具体如下。

表12　2018~2019 年全国最美森林小镇发展指数 I 生态专项评价

序号	名称	森林覆盖率	全年空气质量优秀天数	日均空气负氧离子浓度	评分	名次
1	梅沙	100	100	100	100	1
2	空山	100	100	100	100	1
3	光雾山	100	100	100	100	1

序号	名称	森林覆盖率	全年空气质量优秀天数	日均空气负氧离子浓度	评分	名次
4	芭沟	100	95	0	65	18
5	龙台	100	55	0	51.67	21
6	派潭	0	0	0	0	25
7	平地	100	100	20	73.33	14
8	瓦屋山	100	60	100	86.67	11
9	南城	60	80	0	46.67	23
10	大田	100	55	0	51.67	21
11	那吉	100	60	0	53.33	20
12	紫石	100	100	100	100	1
13	碧峰峡	100	100	100	100	1
14	剑门关	100	100	100	100	1
15	曾家	100	100	80	93.33	10
16	白朝	100	100	10	70	15
17	德百	80	85	75	80	13
18	横河	100	100	50	83.33	12
19	天瞿山	100	100	5	68.33	16
20	绥棱	100	100	100	100	1
21	西岭	100	100	100	100	1
22	九襄	100	100	5	68.33	16
23	横陂	100	0	0	33.33	24
24	柳江	100	35	50	61.67	19
25	太子山	100	100	100	100	1

表13　2018~2019年全国最美森林小镇发展指数Ⅰ生产专项评价

序号	名称	人均地区生产总值比值	旅游产业生产总值占比	评分	名次
1	梅沙	100	100	100	1
2	空山	75	75	75	9
3	光雾山	100	100	100	1

续表

序号	名称	人均地区生产总值比值	旅游产业生产总值占比	评分	名次
4	芭沟	0	5	2.5	24
5	龙台	25	0	12.5	21
6	派潭	0	0	0	25
7	平地	0	20	10	22
8	瓦屋山	60	0	30	17
9	南城	100	20	60	11
10	大田	88	95	91.5	7
11	那吉	65	5	35	16
12	紫石	100	5	52.5	13
13	碧峰峡	75	5	40	15
14	剑门关	55	100	77.5	8
15	曾家	100	100	100	1
16	白朝	0	20	10	22
17	德百	100	100	100	1
18	横河	0	30	15	20
19	天姥山	0	100	50	14
20	绥棱	10	30	20	18
21	西岭	100	100	100	1
22	九襄	0	35	17.5	19
23	横陂	100	10	55	12
24	柳江	100	100	100	1
25	太子山	100	25	62.5	10

表 14　2018～2019 年全国最美森林小镇发展指数 I 生活专项评价

序号	名称	人均可支配收入与全县(区)人均可支配收入比例	评分	名次
1	梅沙	100	100	1
2	空山	0	0	16
3	光雾山	15	15	9

续表

序号	名称	人均可支配收入与全县（区）人均可支配收入比例	评分	名次
4	芭沟	100	100	1
5	龙台	5	5	13
6	派潭	0	0	16
7	平地	0	0	16
8	瓦屋山	5	5	13
9	南城	15	15	9
10	大田	100	100	1
11	那吉	20	20	8
12	紫石	100	100	1
13	碧峰峡	0	0	16
14	剑门关	0	0	16
15	曾家	0	0	16
16	白朝	0	0	16
17	德百	50	50	7
18	横河	0	0	16
19	天嫑山	0	0	16
20	绥棱	5	5	13
21	西岭	15	15	9
22	九襄	0	0	16
23	横陂	100	100	1
24	柳江	10	10	12
25	太子山	100	100	1

表15　2018～2019年全国最美森林小镇发展指数 I 文化专项评价

序号	名称	大专及以上学历人数占比	评分	名次
1	梅沙	65	65	14
2	空山	100	100	1
3	光雾山	60	60	16
4	芭沟	100	100	1
5	龙台	70	70	11
6	派潭	0	0	25
7	平地	85	85	9
8	瓦屋山	100	100	1

续表

序号	名称	大专及以上学历人数占比	评分	名次
9	南　城	100	100	1
10	大　田	55	55	17
11	那　吉	100	100	1
12	紫　石	55	55	17
13	碧峰峡	65	65	14
14	剑门关	40	40	20
15	曾　家	15	15	22
16	白　朝	10	10	23
17	德　百	100	100	1
18	横　河	70	70	11
19	天曌山	100	100	1
20	绥　棱	75	75	10
21	西　岭	45	45	19
22	九　襄	100	100	1
23	横　陂	40	40	20
24	柳　江	10	10	23
25	太子山	70	70	11

（3）综合评分与排名

计算得到2018～2019年全国最美森林小镇发展指数 I 的综合评分与排名，具体如下。

表16　2018～2019年全国最美森林小镇发展指数 I

序号	名称	评分	名次
1	梅　沙	95	1
25	太子山	85	2
17	德　百	84.29	3
3	光雾山	82.14	4
12	紫　石	80	5
21	西　岭	80	5
2	空　山	78.57	7

序号	名称	评分	名次
14	剑门关	70.71	8
15	曾 家	70.71	8
10	大 田	70.43	10
13	碧峰峡	63.57	11
8	瓦屋山	60.71	12
20	绥 棱	60	13
19	天曌山	57.86	14
24	柳 江	57.86	14
4	芭 沟	57.14	16
9	南 城	53.57	17
11	那 吉	50	18
18	横 河	50	18
23	横 陂	50	18
22	九 襄	48.57	21
7	平 地	46.43	22
5	龙 台	36.43	23
16	白 朝	34.29	24
6	派 潭	0	25

3. 2018~2019年全国最美森林小镇发展指数 Ⅱ

（1）每一指标最高原始数值

表17　2018~2019年全国最美森林小镇发展指数每一指标最高原始数值

所属领域	指标	最高原始数值
生态	森林覆盖率	98.60%（光雾山）
	全年空气质量优秀天数	365天（梅沙、西岭、空山天、平地、九襄）
	日均空气负氧离子浓度	4.6万个/立方厘米（西岭）
生产	人均地区生产总值	63.53万元（梅沙）
	旅游产业生产总值占比	38.74%（梅沙）
生活	人均可支配收入	67425元（太子山）
文化	大专及以上学历人数占比	31.73%（空山）

（2）专项评分与排名

计算得到 2018～2019 年全国最美森林小镇发展指数 Ⅱ 生态、生产、生活和文化等专项评分与排名，具体如下。

表18　2018～2019 年全国最美森林小镇发展指数 Ⅱ 生态专项评价

序号	名称	森林覆盖率	全年空气质量优秀天数	日均空气负氧离子浓度	评分	名次
1	梅　沙	70.97	100	69.85	80.27	5
2	空　山	96.35	100	54.35	83.57	2
3	光雾山	100	97.26	49.78	82.35	3
4	芭　沟	67.34	92.88	8.91	56.38	18
5	龙　台	57.55	80.82	3.53	47.3	22
6	派　潭	0	0	0	0	25
7	平　地	80.12	100	13.04	64.39	15
8	瓦屋山	93.31	82.19	40.22	71.91	7
9	南　城	32.45	89.32	3.26	41.68	23
10	大　田	72.65	80.82	2.72	52.06	20
11	那　吉	72.25	82.19	2.72	52.39	19
12	紫　石	92.29	98.63	54.35	81.76	4
13	碧峰峡	86.21	93.7	48.48	76.13	6
14	剑门关	56.54	99.18	45.65	67.12	12
15	曾　家	75.05	98.63	26.09	66.59	13
16	白　朝	84.89	98.63	10.87	64.8	14
17	德　百	40.57	89.04	25.33	51.65	21
18	横　河	91.28	98.63	19.57	69.82	9
19	天嫛山	97.87	98.63	9.78	68.76	11
20	绥　棱	79.51	95.89	32.61	69.34	10
21	西　岭	96.75	100	100	98.92	1
22	九　襄	75.05	100	10.36	61.8	16
23	横　陂	55	65.21	2.83	41.01	24
24	柳　江	80.12	76.44	19.57	58.71	17
25	太子山	86.21	93.15	32.25	70.54	8

表19 2018~2019年全国最美森林小镇发展指数Ⅱ生产专项评价

序号	名称	地区生产总值	旅游产业生产总值	评分	名次
1	梅沙	100	100	100	1
2	空山	2.47	1.57	2.02	19
3	光雾山	18.71	22.48	20.595	5
4	芭沟	1.28	0.09	0.685	23
5	龙台	3.11	0.38	1.745	21
6	派潭	0	0	0	25
7	平地	3.06	0.54	1.8	20
8	瓦屋山	4.91	0.01	2.46	15
9	南城	11.17	2.08	6.625	9
10	大田	7.29	5.7	6.495	10
11	那吉	5.14	0.26	2.7	14
12	紫石	18.5	1.23	9.865	7
13	碧峰峡	5.9	0.45	3.175	13
14	剑门关	3.77	3.1	3.435	12
15	曾家	34.15	52.14	43.145	4
16	白朝	3.44	0.61	2.025	18
17	德百	87.45	86.07	86.76	2
18	横河	3.56	0.88	2.22	16
19	天嬰山	1.99	2.24	2.115	17
20	绥棱	2.36	0.61	1.485	22
21	西岭	35.25	56.21	45.73	3
22	九襄	0.75	0.27	0.51	24
23	横陂	7.07	0.59	3.83	11
24	柳江	19.76	17.4	18.58	6
25	太子山	12.66	2.7	7.68	8

表 20　2018～2019 年全国最美森林小镇发展指数 Ⅱ 生活专项评价

序号	名称	人均可支配收入	评分	名次
1	梅　沙	84.92	84.92	2
2	空　山	12.67	12.67	21
3	光雾山	16.31	16.31	19
4	芭　沟	29.33	29.33	7
5	龙　台	25.95	25.95	11
6	派　潭	0	0	25
7	平　地	25.37	25.37	12
8	瓦屋山	24.58	24.58	13
9	南　城	28.87	28.87	9
10	大　田	36.01	36.01	4
11	那　吉	17.78	17.78	17
12	紫　石	45.98	45.98	3
13	碧峰峡	2.34	2.34	23
14	剑门关	10.92	10.92	22
15	曾　家	19.25	19.25	14
16	白　朝	16.37	16.37	18
17	德　百	29.66	29.66	6
18	横　河	15.6	15.6	20
19	天嫛山	18.79	18.79	16
20	绥　棱	18.85	18.85	15
21	西　岭	29.31	29.31	8
22	九　襄	0.05	0.05	24
23	横　陂	30.38	30.38	5
24	柳　江	27.53	27.53	10
25	太子山	100	100	1

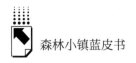
表21　2018～2019年全国最美森林小镇发展指数Ⅱ文化专项评价

序号	名称	大专及以上学历人数	评分	名次
1	梅　沙	24.87	24.87	14
2	空　山	99.99	99.99	1
3	光雾山	20.94	20.94	16
4	芭　沟	63.63	63.63	5
5	龙　台	25.29	25.29	13
6	派　潭	0	0	25
7	平　地	34.77	34.77	9
8	瓦屋山	44.38	44.38	8
9	南　城	45.07	45.07	7
10	大　田	17.59	17.59	18
11	那　吉	74.38	74.38	3
12	紫　石	18.12	18.12	17
13	碧峰峡	22.54	22.54	15
14	剑门关	12.83	12.83	21
15	曾　家	5.91	5.91	22
16	白　朝	3.17	3.17	24
17	德　百	70.04	70.04	4
18	横　河	28.06	28.06	11
19	天嬰山	84.04	84.04	2
20	绥　棱	29.57	29.57	10
21	西　岭	15.09	15.09	19
22	九　襄	52.57	52.57	6
23	横　陂	13.35	13.35	20
24	柳　江	3.43	3.43	23
25	太子山	26.79	26.79	12

（3）综合评分与排名

计算得到2018～2019年全国最美森林小镇发展指数Ⅱ的综合评分与排名，具体如下。

表 22   2018～2019 年全国最美森林小镇发展指数 Ⅱ

序号	名称	评分	名次
1	梅 沙	78. 66	1
21	西 岭	61. 8	2
17	德 百	61. 16	3
2	空 山	52. 48	4
25	太子山	50. 54	5
12	紫 石	47. 01	6
3	光雾山	46. 5	7
19	天嬰山	44. 76	8
15	曾 家	44. 46	9
8	瓦屋山	41. 37	10
4	芭 沟	37. 64	11
13	碧峰峡	37. 09	12
20	绥 棱	37. 06	13
18	横 河	36. 8	14
7	平 地	36. 7	15
11	那 吉	36. 39	16
24	柳 江	34. 89	17
22	九 襄	34. 15	18
14	剑门关	33. 14	19
10	大 田	31. 83	20
16	白 朝	31. 14	21
9	南 城	30. 32	22
5	龙 台	28. 09	23
23	横 陂	24. 92	24
6	派 潭	0	25

4. 2018～2019年全国最美森林小镇发展指数 Ⅲ

（1）专项评分与排名

计算得到 2018～2019 年全国最美森林小镇发展指数 Ⅲ生态、生产、生活和文化等专项评分与排名，具体如下：

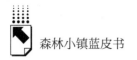

表23　2018～2019年全国最美森林小镇发展指数Ⅲ生态专项评价

序号	名称	指数Ⅰ	指数Ⅱ	指数Ⅲ	名次
1	梅　沙	100	100	100	1
2	空　山	100	100	100	1
3	光雾山	100	100	100	1
4	芭　沟	65	65	65	18
5	龙　台	51.67	51.67	51.67	21
6	派　潭	0	0	0	25
7	平　地	73.33	73.33	73.33	14
8	瓦屋山	86.67	86.67	86.67	11
9	南　城	46.67	46.67	46.67	23
10	大　田	51.67	51.67	51.67	21
11	那　吉	53.33	53.33	53.33	20
12	紫　石	100	100	100	1
13	碧峰峡	100	100	100	1
14	剑门关	100	100	100	1
15	曾　家	93.33	93.33	93.33	10
16	白　朝	70	70	70	15
17	德　百	80	80	80	13
18	横　河	83.33	83.33	83.33	12
19	天嫛山	68.33	68.33	68.33	16
20	绥　棱	100	100	100	1
21	西　岭	100	100	100	1
22	九　襄	68.33	68.33	68.33	16
23	横　陂	33.33	33.33	33.33	24
24	柳　江	61.67	61.67	61.67	19
25	太子山	100	100	100	1

表24　2018～2019年全国最美森林小镇发展指数Ⅲ生产专项评价

序号	名称	指数Ⅰ	指数Ⅱ	指数Ⅲ	名次
1	梅　沙	100	100	100.00	1
2	空　山	75	2.02	38.51	9
3	光雾山	100	20.595	60.30	5
4	芭　沟	2.5	0.685	1.59	24
5	龙　台	12.5	1.745	7.12	21
6	派　潭	0	0	0.00	25
7	平　地	10	1.8	5.90	23
8	瓦屋山	30	2.46	16.23	17
9	南　城	60	6.625	33.31	11
10	大　田	91.5	6.495	49.00	7
11	那　吉	35	2.7	18.85	16
12	紫　石	52.5	9.865	31.18	12
13	碧峰峡	40	3.175	21.59	15
14	剑门关	77.5	3.435	40.47	8
15	曾　家	100	43.145	71.57	4
16	白　朝	10	2.025	6.01	22
17	德　百	100	86.76	93.38	2
18	横　河	15	2.22	8.61	20
19	天曌山	50	2.115	26.06	14
20	绥　棱	20	1.485	10.74	18
21	西　岭	100	45.73	72.87	3
22	九　襄	17.5	0.51	9.01	19
23	横　陂	55	3.83	29.42	13
24	柳　江	100	18.58	59.29	6
25	太子山	62.5	7.68	35.09	10

表25 2018～2019 年全国最美森林小镇发展指数Ⅲ生活专项评价

序号	名称	指数Ⅰ	指数Ⅱ	指数Ⅲ	名次
1	梅 沙	100	84.92	92.46	2
2	空 山	0	12.67	6.34	21
3	光雾山	15	16.31	15.66	12
4	芭 沟	100	29.33	64.67	6
5	龙 台	5	25.95	15.48	13
6	派 潭	0	0	0.00	25
7	平 地	0	25.37	12.69	15
8	瓦屋山	5	24.58	14.79	14
9	南 城	15	28.87	21.94	9
10	大 田	100	36.01	68.01	4
11	那 吉	20	17.78	18.89	10
12	紫 石	100	45.98	72.99	3
13	碧峰峡	0	2.34	1.17	23
14	剑门关	0	10.92	5.46	22
15	曾 家	0	19.25	9.63	17
16	白 朝	0	16.37	8.19	19
17	德 百	50	29.66	39.83	7
18	横 河	0	15.6	7.80	20
19	天曌山	0	18.79	9.40	18
20	绥 棱	5	18.85	11.93	16
21	西 岭	15	29.31	22.16	8
22	九 襄	0	0.05	0.03	24
23	横 陂	100	30.38	65.19	5
24	柳 江	10	27.53	18.77	11
25	太子山	100	100	100.00	1

表 26　2018～2019 年全国最美森林小镇发展指数 III 文化专项评价

序号	名称	指数 I	指数 II	指数 III	名次
1	梅 沙	65	24.87	44.94	14
2	空 山	100	99.99	100.00	1
3	光雾山	60	20.94	40.47	16
4	芭 沟	100	63.63	81.82	5
5	龙 台	70	25.29	47.65	13
6	派 潭	0	0	0.00	25
7	平 地	85	34.77	59.89	9
8	瓦屋山	100	44.38	72.19	8
9	南 城	100	45.07	72.54	7
10	大 田	55	17.59	36.30	18
11	那 吉	100	74.38	87.19	3
12	紫 石	55	18.12	36.56	17
13	碧峰峡	65	22.54	43.77	15
14	剑门关	40	12.83	26.42	21
15	曾 家	15	5.91	10.46	22
16	白 朝	10	3.17	6.59	24
17	德 百	100	70.04	85.02	4
18	横 河	70	28.06	49.03	11
19	天嫛山	100	84.04	92.02	2
20	绥 棱	75	29.57	52.29	10
21	西 岭	45	15.09	30.05	19
22	九 襄	100	52.57	76.29	6
23	横 陂	40	13.35	26.68	20
24	柳 江	10	3.43	6.72	23
25	太子山	70	26.79	48.40	12

（2）最终评分与排名

计算得到 2018～2019 年全国最美森林小镇发展指数 III 的综合评分与排名，具体如下。

表27 2018～2019 年全国最美森林小镇发展指数Ⅲ

序号	所在地区	名称	指数Ⅰ	指数Ⅱ	指数Ⅲ	名次
1	深圳盐田	梅沙	95	78.66	86.83	1
17	山东德州	德百	84.29	61.16	72.72	2
21	四川成都	西岭	80	61.8	70.9	3
25	湖北太子山林场	太子山	85	50.54	67.77	4
2	四川巴中	空山	78.57	52.48	65.53	5
3	四川巴中	光雾山	82.14	46.5	64.32	6
12	四川雅安	紫石	80	47.01	63.51	7
15	四川广元	曾家	70.71	44.46	57.59	8
14	四川广元	剑门关	70.71	33.14	51.93	9
19	四川广元	天曌山	57.86	44.76	51.31	10
10	广东江门	大田	70.43	31.83	51.13	11
8	四川眉山	瓦屋山	60.71	41.37	51.04	12
13	四川雅安	碧峰峡	63.57	37.09	50.33	13
20	黑龙江绥棱	绥棱	60	37.06	48.53	14
4	四川乐山	芭沟	57.14	37.64	47.39	15
24	四川眉山	柳江	57.86	34.89	46.37	16
18	山西晋城	横河	50	36.8	43.4	17
11	广东江门	那吉	50	36.39	43.19	18
9	四川眉山	南城	53.57	30.32	41.94	19
7	四川攀枝花	平地	46.43	36.7	41.56	20
22	四川雅安	九襄	48.57	34.15	41.36	21
23	广东江门	横陂	50	24.92	37.46	22
16	四川广元	白朝	34.29	31.14	32.71	23
5	四川资阳	龙台	36.43	28.09	32.26	24
6	广东广州	派潭	0	0	0	25

四 简短的小结

2018～2019年全国最美森林小镇发展指数报告是全国各地森林小镇建设大力推进的现实背景下所做的探索性研究，选取生态、生产、生活和文化4个方面的7个指标，通过小镇与所在区域和小镇之间两个维度的相互比较，努力客观地对入选的最美森林小镇发展情况进行评估，为下一步建设发展提供了一定的参考。

当然，作为探索性研究，本报告还存在诸多不足，下一步将重点做好两个方面：一是在总体发展指数评估中更加关注指标系统性与代表性，特别是要将参与主体满意度和专家评估等主观指标纳入其中；二是尝试对森林康养与民宿经济、森林户外运动等关注度与参与度较高的领域进行专项评估。

专家观点

Expert Opinion

B.3
森林小镇发展路径研究[*]

摘　要：　森林小镇是特色小镇的一种具体形态。森林小镇发展路径设定必须按照问题导向和目标导向，以"生态立镇、特色兴镇、产业强镇"为基本主线，找好起点，找准亮点，突出特点，厚植优势，深挖潜力。

关键词：　森林小镇　特色小镇　生态小镇

一　现状分析

森林小镇是我国城镇化快速发展时期，城镇化主动对接生态化，

---

* 本报告作者系国家林业和草原局经济发展研究中心改革研究室主任、研究员张升。

把"绿水青山"的"软实力"转变为地区发展"硬实力"的具体形式，是特色小镇依托森林、融入森林、利用森林生态资源建设的生态生产生活相容相助相生、宜居宜游宜业的功能型社区服务平台，是特色小镇在林区发展的一种具体形态。与其他类型的特色小镇一样，森林小镇的发展也经历了萌芽、快速成长、调整完善的过程。2016年7月住房和城乡建设部、国家发展改革委员会、财政部联合发布了《关于开展特色小镇培育工作的通知》，提出到2020年，在全国培育1000个左右各具特色、富有活力的休闲旅游、商贸物流、现代制造、教育科技、传统文化、美丽宜居的特色小镇。与此对应，国家林草行业主管部门领导人在首届中国森林康养与医疗旅游论坛上提出，力争到2020年建设1000个森林小镇。在宏观政策的引导下，各种类型的特色小镇受到社会资本热捧，如雨后春笋般快速发展。2016年10月住房和城乡建设部发布的《关于公布第一批中国特色小镇名单的通知》，认定了127个特色小镇。这些小镇类型多样，各具特色，既有历史文化型、资源禀赋型小镇，也包括特色产业型、新型产业型小镇，为我国特色小镇发展进行了有益的实践探索。但是由于概念不清、定位不准、急于求成、盲目发展，特别是由于行政主导力量过大、市场化不足等原因，特色小镇发展问题逐步凸显，小镇建设房地产化、空心化问题引起社会关注。与此类似，森林小镇发展特色不足、成色不够等问题也比较突出。具体体现在以下几个方面。

一是趋同问题突出。目前森林小镇建设大多以发展第三产业为主，主打生态旅游项目，经营模式单一，很少围绕主要景观延伸开发，整个场域建设都是以旅游景点的标准进行规划的，没有形成完整的产业链条，特别是缺乏特色鲜明的森林浴、森林运动、森林探险、森林教育、森林研学等参与性强、特色鲜明的内容，缺乏具有生态特色的自然风景与生态文化、室外游憩与室内娱乐、感官享受与心境享受、冬季项目与夏季项目有机结合等内容。这导致森林小镇经营运行

季节性很强，旺季很旺，淡季很淡。

二是基础设施落后。住建部等三部委《关于开展特色小镇培育工作的通知》提出，特色小镇建设要完善市政基础设施和公共服务设施。从现状来看，森林小镇大多处于偏僻山区林区，交通条件相对落后，与大城市交通联系较弱。森林小镇内部景区间缺乏快速连接通道，现有的林道、乡道，无法形成旅游环线，且道路等级低，通行率差。有些地方还缺乏食、住、行、游、购、娱等服务设施，以及游步道体系、解说系统、标示系统等功能性设施。还有一些地方服务设施粗制滥造，既没有与自然环境融为一体，也无法满足游客需求。

三是门槛高、限制多。目前，我国林区开发限制多，特别是土地受指标总量的限制，小镇预期所需的土地指标很难到位，而且审批复杂，在林间搭几座小木屋、修一段游步道，都要经过多个部门审批。此外，森林小镇建设投入高、产出慢，经营周期长，而森林资源富集地区又往往是经济欠发达地区，地方财力十分薄弱，融资平台作用有限，迫切需要社会资金的投入。由于资金、用地、规划等要素保障的制约，全区特色小镇当前的建设发展仅处于起步阶段。

四是缺少市场化主体参与建设运营。住建部等三部委《关于开展特色小镇培育工作的通知》要求，特色小镇建设坚持市场主导，充分发挥市场主体作用。从一些特色小镇建设运营的成功案例来看，小镇建设往往由一两个实力雄厚的领军企业作为核心，紧密围绕其优势产业开展相关产业链招商、公共配套等活动，实现了资金到位快、项目进展快、投资见效快。目前森林小镇更多采取的"政府投资、招商引资"等传统做法，小镇建设中政府主体地位、主导作用仍然突出，多元化主体同心同向、共建共享的机制尚未建立。

二 路径目标

按照国家发展改革委等四部委《关于规范推进特色小镇和特色小城镇建设的若干意见》，森林小镇发展需要准确理解和把握其内涵特质，立足产业"特而强"、功能"聚而合"、形态"小而美"、机制"新而活"，推动创新性供给与个性化需求有效对接，打造创新创业发展平台，不能忽视产业空间布局优化和产城融合的基本要求，盲目地把产业园区、旅游景区、体育基地、美丽乡村、田园综合体以及行政建制镇戴上森林小镇"帽子"，低起点盲目无序发展。

一是在建设内涵上森林小镇要从"看风景"向"过生活"转变。"看风景"是对某处景点、风景的浅层次欣赏。"过生活"则是深度体验森林生活，要围绕主要风景点，融合周围的自然生态、乡风民俗、人文历史打造出相互衔接、互为依托的森林生活核心圈、辅助圈和拓展圈。这需要大力开发森林游戏、森林徒步、森林探险、森林漂流、森林攀登、森林低空飞行，以及林下种植、林下采摘、林下亲情活动等森林娱乐和体验项目。同时，还要打破小镇入住者与当地居民之间的藩篱，做到"你中有我、我中有你"，真正形成生活氛围浓厚的"大社区"。

二是在建设方式上森林小镇要从"工业化模式"向"生态化模式"转变。森林小镇发展应坚决防止被工业文明思维绑架，坚决杜绝工业化的手段和模式。在小镇住宿、餐饮、娱乐等基础建筑，以及标识、健康、科教等设施建设，都要遵循不破坏自然生态的原则，不搞大挖大建，尽量少占林地或不占林地，并做到与自然环境融为一体。在产品开发上，应精心设计，尽量做到排放低、污染少、品质优、效益高，引导游客节能减排，保护生态环境。

三是在建设内容上森林小镇要从"单一模式"向"综合产业"

转变。针对目前森林小镇仍然沿用"产业园区 + 旅游度假区 + 集中居住区"的模式，对产镇融合、功能合理布局考虑不够；或者简单着力于整合、包装现有的商业体，尽管改善了小镇的形象面貌，但是仍然存在与本地"传统产业"文化结合不紧密、与现代时尚文化难以深度融合等问题，应把体育、文化、教育、医疗等产业与森林小镇建设内容结合起来，大力发展山地运动、生态文化、自然教育、健康养生等新兴康体项目，向游客提供丰富多彩的产品。

四是在发展管理上森林小镇要从"粗犷型"向"精细型"转变。森林小镇运行三分靠建设，七分靠治理。"森林小镇"的"特色"不仅仅体现了产业集聚的特色，也不仅仅是经济发展的招牌，更是由人们的生活方式（包括其物质、制度、精神形态）自然融合而成的、独具性格又充满活力的一种状态。因此应将森林小镇全方位建设纳入精准治理的范畴，主动放弃政府全盘包揽、粗放式、运动式的旧行政管理模式，下精细功夫进行治理打造。在经营管理上，可借鉴国际性成熟标准和规范，比如 IUCN 绿色名录、ISO14000 系列标准，提升森林小镇低碳化、生态化水平；在经营理念上，注重实现小镇生产、生活、生态的有机融合，最终形成人们向往的专业化、集成化、开放化、网络化、生活化、便捷化的新型众创空间和生活空间；在治理模式上，注重以德治、法治、自治推动社区精细化治理，逐步打造高品质生活需求的社区生活。

三　路径选择

森林小镇需要绿色做底色，产业绘彩色，生态文化添成色，其发展的中心路径是"生态立镇、产业强镇、特色兴镇"，这需要在发展路径选择上找好起点，找准亮点，突出特点，厚植优势，深挖潜力。

一是找区域。森林小镇建设选址应是森林分布集中、森林覆盖率高，景观优美、周边生态环境良好的林区。目前我国森林资源连片分布在东北、西南、南方林区。其中，东北、内蒙古重点国有林区林地面积 2933.33 万公顷，森林面积 2600 万公顷，森林覆盖率为79.29%；西南西北地区林地面积 1066.67 万公顷，森林面积 666.67 万公顷，森林覆盖率为 42%。此外，全国 4855 个国有林场，分布在31 个省（区、市）的 1600 多个县，林地面积 5800 万公顷，是我国生态功能完善、森林资源丰富、森林景观优美、生物多样性富集的区域。在这些地区，森林资源丰富，绿色浓，绿景多，具有先天独厚的资源条件。参考《国家林业局办公室关于开展森林特色小镇建设试点工作的通知》（办场字〔2017〕110 号），森林小镇一般应选择在森林分布集中，森林覆盖率一般在 60% 以上，森林景观优美、周边生态环境良好，拥有相对原始的自然本底，自然与人文资源相对集中，品质较高，无重大污染源，规模较大的国有林场或国有林区林业局建设。

二是找地点。森林小镇发展并不是要建设一个与世隔绝的"世外桃源"，而是要形成"超然于城市之上，归隐于山林之间"的发展态势。因此，依托城市、服务城市、受益于城市，强调城乡经济有机融合、人与自然和谐发展，是其发展应有规律的遵循。道路是城市的"血管"。在森林资源富集地区进行森林小镇选址定点，就需要考虑交通等配套基础设施。特别是森林小镇要交通便捷，与大城市、交通主干道、机场等连贯畅通，建设地点原则上要选择在距机场或高铁站50～100 公里范围内。此外，森林小镇要依托大城市、依托其他特色资源考虑布局选点，为产业发展留出市场空间和资源空间。在建设标准上，普通的森林小镇按照不低于 3A 级景区的标准规划，以休闲旅游为主的按照 5A 级景区建设规划。

三是找亮点。森林小镇建设要坚持因地制宜，创新探索，走出一条特色鲜明的新路子，要立足林区要素禀赋和比较优势，基于产业积

淀和地域特征，挖掘最有基础、最具潜力、最能成长的特色产业，找准特色、凸显特色、放大特色，做精做强主导特色产业。不同的资源就有不同的定位方向，历史文化、民族文化、宗教文化、长寿文化、医药文化等都可以成为试点建设方向，深层次挖掘文化内涵，建设有历史记忆、文化脉络、地域风貌和民族特点的森林小镇。根据森林资源及林业产业的特色可以把森林小镇的建设方向分为生态旅游型、森林康养型、森林文化型及生态保护型等模式。

四是找重点。森林小镇发展的重点在于"三生融合"，而且还将其他特色小镇的功能从"三生"（生产、生态、生活）拓展为"四生"，即增加"生命体验"。这要求森林小镇建设内容从传统的产"物"转向与"人"打交道。在产业模式上，强调城乡经济有机融合、人与自然和谐发展，使林业由第一产业向第二、第三产业延伸。在经营模式上，需要在"体验经济"理念中增添"分享经济"理念，即森林小镇经营者与住户分享小镇生活，变"消费者为上帝"为"与客人做志同道合的朋友"，倡导"拥有不如享有"的消费理念，让住户、游客在体验式享受中，放松心情、获得知识、锻炼身体，也往往愿意购买一些产品，这样既减少了双方的交易障碍，降低了寻找交易对象的成本、衡量价值成本、双方协商的成本，促成了消费。在服务理念上，强调"引人""留人""留钱""留心"，将服务融合到体验中，让人愿意花钱。这种体验式消费，既创造了供游客消费的机会，又激发了消费的欲望。

四 路径实现

做好森林小镇发展的"加减乘除"。特色小镇建设要立足做好产业增色的"加法"、简政放权"减法"、引智借智的"乘法"、体制机制的"除法"。

一是做好产业增色的"加法"。森林小镇建设要充分利用林区的自然森林景观、生态环境，积极引入森林旅游、康养、科普、休闲、养生等产业发展理念，培育林业新产业、打造特色鲜明的林业生态产品。森林小镇依托的是森林资源，中国国土辽阔，森林资源的地区差异很大，各个地区的资源结构、地形地貌、野生动植物等都有所不同，在小镇的建设上要鼓励和引导个性化，注重差异化发展，突出特色，开发人性化、绿色化、高附加值的生态产品。可以利用林区丰富的动植物资源打造野营、狩猎、探险、科普旅游；可以利用林区的历史、冰雪、民俗资源，打造观光、休闲、修学旅游；可以利用林区的温泉、地形地貌进行生态康养；等等。

二是做好简政放权的"减法"。应准确定位政府在森林小镇发展中的作用和功能。各级政府要强化对森林小镇发展的宏观指导，应制定科学的评价标准，严把入口关，防止森林小镇建设一拥而上，出现区域性和功能型过剩，也要做好差别化、特色化引导和风险性防控，防止出现短期不见效，一哄而散的情况。优化"企业＋政府"的模式功能，政府在森林小镇建设和发展中要补位不越位，在关键环节的功能发挥要到位，要通过简政放权，服务企业，激励企业去创立森林小镇，但是不能取代企业的主体功能，更不能对森林小镇建设大包大揽，包办取代。要对森林小镇科学评估，在此基础上再行奖励，而不能刮风。

三是做好引智借智的"乘法"。森林小镇的发展需要理念的引领，需要很多专家学者长期的倾心关注，通过不同的视角潜心研究和丰富森林小镇的理论，从森林小镇的意义、功能、形式到规划，从组织、人力、教育解说到行销策略和成本分析，乃至于文化、社会、理念到环境设计等，进行细致深入的研究。国内的一些林业院校有必要专门开设森林小镇类课程，开展专门的教学研究，建立起系统的森林小镇发展理论。只有通过研究者的引领，经营者、管理者不断学习，

不断创新，将理论转换为生产力，为森林小镇发展提供智力支持，才能实现森林小镇的科学发展。

四是做好体制机制的"除法"。森林小镇试点当地政府应对森林特色小镇建设工作高度重视、主导产业定位准确。林业主管部门作为森林小镇建设的责任主体，积极出台措施，制定小镇建设规划、工作方案、优惠政策，确保森林小镇建设快速有效推进。林业主管部门要以强烈的历史使命感和责任感对待森林小镇的建设发展，创新小镇管理体制机制，建立充满活力、具有很强的针对性、指导性和可操作性的联动机制。在森林小镇建设理念上，重视市场主体的作用，调动社会各方面的积极性，参与到森林小镇的建设中来，建立"人人参与、人人尽力、人人享有"的政府引导、企业主体、市场化运作、社会参与的机制；在森林小镇建设规划上，设立专门规划管理机构负责规划建设，明确职责、提高效率；在森林小镇建设社会管理上，加快形成政府主导、覆盖城乡、可持续发展的基本公共服务体系，维护稳定和谐的发展环境。

五　重点任务

一是做文化。文化是旅游的灵魂，有了文化旅游才有生命。旅游应该有文化欣赏，旅游是对文化的扩张和延伸。我国很多地方文化俯拾皆是，历史文化、宗教文化、民族文化、水文化、茶文化、农耕文化等，都是富矿，有待我们去开采。如果我们能把林产品都做成像大湖草莓那样的系列；如果把森林花卉都做成像花露农场那样的系列，把山水文化打造成像阿里山那样唱响的品牌，我们的乡村旅游一定会大放异彩。

二是聚人才。人才是兴业之本。没有人才作支撑，要想把乡村旅游搞得风生水起，那只能是空中楼阁。大力开展对从业人员的素质教育，提升乡村旅游的软实力。台湾观光农业之所以成绩斐然，是因为围绕这个产业聚集了一大批懂科学、会管理、勤实践的领军人物。各级"农委会"与"经建会"都设有休闲农业管理与辅导处，各县市也相应设立休闲农业管理及辅导机构，从上到下形成了管理的辅导体系，为休闲农业的发展提供了强大的物质保障和智力支持。台湾大学的教授和农业科技人员、推广人员与农民关系十分密切，经常深入农场和庄园进行技术培训和辅导。农庄的董事长和总经理，都是农业学科带头人，具有博士学位，说起休闲农业来都是侃侃而谈，如数家珍。每个企业不仅领导是行家，员工的素质也很高。就连导游也是问不倒的"百科全书"。

三是搞合作。森林小镇是生态化与成长的有机融合体，在建设发展道路上既要有"特色化""差异化"，也要强化"联合同盟"，具体体现为充分利用本土地区生态资源的优势，努力挖掘与其他区域不同的本地优势生态乡土文化、生活方式、风土人情等，突出地方特色，讲究农村的、森林的设计主题鲜明性，不重复设计，走差异化建设，保证休森林小镇的持久、核心竞争力；强化分工合作，强调同一区域及不同区域之间、各个森林小镇之间的合作生产、共同经营、策略联盟，倡导共享森林小镇基础设施等，有效整理资源，避免重复建设和浪费，降低经营成本，增强了竞争力；强化森林小镇之间的战略合作，形成利益共同体，从旅客、住户招揽和创业、观光、食宿、体验等进行和接续式合作分工，各自发挥各自的特长，谋求更多的利益，最终形成利益均沾。

四是做标准。这包括做好地域标准。森林小镇建设一般应选择在森林分布集中，森林覆盖率一般应在60％以上，森林景观优美、周边生态环境良好，具备较好文化底蕴、无重大污染源，规模较大的国有林场或国有林区林业局建设。接待条件标准。通过对国有林场和国有林区林业局老旧场（局）址工区、场房民居等的改造，建设成地

方特色鲜明，又与小镇森林特色生态景观风貌紧密融合的特色民居、森林小屋等，努力提升食宿接待能力和服务水平。做好基础设施标准。建设水、电、路、讯、生态环境监测等基础设施和森林步道等相应的观光游览、休闲养生服务设施，为开展游憩、度假、疗养、保健、养老等休闲养生服务提供保障，不断提升小镇公共服务能力、水平和质量。

B.4
森林小镇建设与民宿经济发展[*]

摘　要：　森林小镇是指以优良森林生态景观系统为基质，以发达的特色林业产业体系和完善的公共服务配套设施为支撑，以浓郁的森林生态文化和民族文化为灵魂，以生态生产生活高度融合发展为路径，以实现特色产业经济功能为首要发展目标的综合型林业社区。其特征主要体现为：生态环境优良，景观优美；产业体系发达，主导产业明确；社会服务功能完善，商业体系健全；融合发展凸显，文化特质浓郁；具备创新创业平台，引才功能强大等。民宿有广义与狭义之分，就其内涵而言，民宿营造的是家的氛围，是有着深深人文关怀情境的住宿业态；就其外延来看，民宿不一定只是民居主人经营空闲房屋的空间实体，可以是除标准化酒店外多类型业主经营的特色住宿业态。森林小镇建设与民宿经济发展的结合，为推进林业产业经济结构转型升级和产业与文化、旅游等的融合发展提供了重要的切入口。森林小镇建设与民宿经济融合发展，是创造快乐经济的重要途径。

关键词：　森林小镇　民宿经济　融合发展

---

[*] 本报告作者系四川农业大学教授、博士生导师李梅。

2014 年，浙江省率先提出特色小镇建设的发展战略，并以民营经济发达的优越性为依托，在更多资源支持下逐渐形成了中国目前最成功的特色小镇集群①。发展特色小镇是完善现代城镇体系、破解城乡二元结构的重要抓手和有效平台。森林小镇作为特色小镇的一类重要形态，在发挥生态环境优势，提供优质生态产品，满足社会需求等方面有着极其重要的作用，是有效缓解人民日益增长的对优质生态产品的需求和优质生态产品有效供给严重不足这一发展不平衡矛盾的有效路径。森林小镇建设与民宿经济发展共同为新型城镇化、城乡一体化及新农村建设和乡村振兴提供重要的可实现路径。

一　森林小镇及民宿经济的内涵与特征

2014 年发展中国论坛与国家行政学院新型城镇化研究中心联合提出推动"森林小镇"发展，成为国内率先提出"森林小镇"建设的社会力量，该联合体于 2016 年 12 月在北京率先组建了"全国'森林小镇'评价体系及发展指数研究"课题组（简称"课题组"）及其学术委员会，为科学推进森林小镇建设与发展提供了一套技术支撑体系；2017 年 9 月课题组启动"全国最美森林小镇 100 例"典型案例征集工作，拟建立科学的进入和退出机制，实行动态管理。同年 7 月，原国家林业局办公室印发《关于开展森林特色小镇建设试点工作的通知》（办场字〔2017〕110 号），决定有针对性地在"国有林场""国有林区"开展森林特色小镇建设试点工作。

（一）森林小镇的内涵及特征

森林小镇作为特色小镇的一种类型，必定具备特色小镇的基本特

---

① 杨阳：《我国特色小镇建设中存在的问题及对策研究》，《美与时代（城市版）》2018 年第11 期。

质。2017 年 12 月，原国家发展改革委、原国土资源部、原环境保护部、原住房和城乡建设部四部委联合发表了《关于规范推进特色小镇和特色小城镇建设的若干意见》（以下简称《意见》），将特色小镇定义为：在几平方公里土地上集聚特色产业、生产生活生态空间相融合、不同于行政建制镇和产业园区的创新创业平台。《意见》明确了特色小镇不一定是行政建制镇。

为此，本文将森林小镇定义为：以优良森林生态景观系统为基质，以发达的特色林业产业体系和完善的公共服务配套设施为支撑，以浓郁的森林生态文化和民族文化为灵魂，以生态生产生活高度融合发展为路径，以实现特色产业经济功能为首要发展目标的综合型林业社区。

森林小镇依托的是优良森林生态系统和具有审美价值的森林景观资源所营造的优美环境，以实现特色林业生态产业经济功能为首要目标，是林（农）旅、镇旅、文旅融合的创新创业发展平台，是践行"把绿水青山变为金山银山"的新举措，是建设"美丽中国"、实现乡村振兴和国家新型城镇化发展的新路径。森林小镇的特征主要体现在以下五个方面。

森林小镇生态环境优良，景观优美。森林小镇是依托优质的森林资源所建设的特色小镇的一种特殊形式，是建设在森林分布集中、森林覆盖率高，景观优美、生态环境良好的区域，是以生态文化为基础的"产业、文化、社区"有机结合的功能性社区。[①]

森林小镇产业体系发达，主导产业明确。森林小镇是以体现森林资源为特色的小镇，有着以林产业为基础的生态产业体系，主导产业明确，重点发展森林生态旅游、休闲度假旅游、森林养生旅游，自然体验教育游学，以及与森林食品、林（竹）木器具、林下药材等相关的绿色生态产业，市场前景广阔。

---

① 李伟：《关于发展和建设特色小镇问题研究综述》，《经济研究参考》2018 年第 54 期。

森林小镇社会服务功能完善，商业体系健全。森林小镇是各项基础设施如水、电、通信、道路等较完善，有一定规模且比较集中的人口聚集区，其社会经济基础好、发展速度快、市场比较活跃，商业体系健全，发展潜力较大。

森林小镇融合发展凸显，文化特质浓郁。森林小镇是具有一定文化底蕴的林业社区，一、二、三次产业及生态生产生活高度融合，林旅融合、产城融合、文旅融合在森林小镇平台上交相辉映。结合在地资源与历史环境，深入挖掘森林文化、历史文化、民族文化、宗教文化、长寿文化、医药文化等文化内涵，建设有历史记忆、文化脉络、地域风貌和民族特点的多功能综合型社区是森林小镇的发展方向。

森林小镇具备创新创业平台，引才功能强大。林区多地处偏远，是农村中的农村。由于制度缺陷，中国长期存在严重的城乡二元结构，两极分化明显，无论是公共服务配套还是成才成长机会，林区（农村）条件都远不及城市，林区（农村）一方面优秀人才持续外流，另一方面青壮年人口大量外出务工，国有林区同样存在多年没有新人入职，职工年龄普遍偏大等人才人口不足的问题。森林小镇建设的核心就是要建立起一套创新发展制度，构建"产业、文化、旅游、社区"四大功能叠加新型平台，既吸引城里人来投资兴业，更能吸引乡村人才回乡创新创业，谋求发展。

基于上述特征不难看出，不是所有林区都能享有森林小镇这一盛名。只有那些生态环境优美、社会治理创新、生态产业发达、业态体系完备、小镇特色鲜明、公共服务配套完善，能为创新创业者搭建起发展平台，具有核心吸引力的林业社区，才有资格配以森林小镇之美名。

（二）民宿经济的内涵及特征

"民宿"一词发源于英国、日本和我国台湾地区，但是在我国大陆作为一种旅游业态也早已存在①。台湾地区特色民宿产业已成为其旅游发展的重要品牌和核心竞争力②。2001 年台湾出台的《民宿管理办法》，将民宿纳入休闲农业范畴，并就民宿的建设等进行了严格规定，确定了民宿的法源地位，认为民宿是利用自用住宅的空闲房间，结合当地人文、自然景观、生态、环境资源和家庭副业方式，提供游客乡野生活的住宿场所，农家乐、家庭旅馆、客栈被视为"民宿"的空间实体③。

我国大陆地区对民宿的认知进行了在地化和时代性重构，对民宿的特色性、空间设计感、场景体验感、住宿舒适度和消费个性化及贴心的管家式服务等有着更高的要求。2018 年是民宿开启标准化发展和规范的元年，原国家旅游局出台的国内第一部关于民宿的行业标准《旅游民宿基本要求与评价》已于 2017 年 10 月 1 日正式实施，先后有22 个省颁布出台相关政策标准，引导、促进民宿产业快速健康发展④。国内民宿投资与消费潮流正在推动民宿向新的生活方式和状态及其文化氛围营造靠近，独具特色的民宿经营模式和消费文化正在形成⑤。但迄今业界没有形成有关民宿内涵和外延的界定。结合民宿业发展实际，本文在广义与狭义两个层面尝试界定民宿的内涵与外延。

广义的民宿是指规模适宜，在充分融合优良的在地环境与文化元素基础上，提供的具有设计感和体验感的舒适型、居家式特色住宿及其贴心管家式服务。

狭义的民宿是指以民居为主体资源，以优良的在地环境及其文化

---

① 陈瑾：《发展民宿经济与提升乡村旅游品质研究——以江西省为例》，《企业经济》2017 年第 8 期。
② 张海洲、虞虎等：《台湾地区民宿研究特点分析——兼论中国大陆民宿研究框架》，《旅游学刊》2019 年第 1 期。
③ 刘晴晴：《民宿业态发展研究——台湾经验及其借鉴》，青岛大学硕士学位论文，2015。
④ 张馨月：《民宿产业在特色小镇建设中的情境塑造作用研究——以云南省楚雄、文山为例》，《中国市场》2018 年第 17 期。
⑤ 浙江省旅游局编《浙江民宿蓝皮书 2017》，中国旅游出版社，2018；徐林强、童逸璇：《各类资本投资乡村旅游的浙江实践》，《旅游学刊》2018 年第 7 期。

要素为基础，提供的具有独特设计感和体验感的舒适型、居家式特色住宿及其贴心管家式服务。

无论是广义还是狭义的民宿概念，从内涵上界定，民宿营造的是家的氛围，既类似于家又有别于家，是一种让人自由舒适、既有归属感又有新鲜感，有着深深的人文关怀情境的住宿业态；从外延上界定，民宿不一定只是民居主人经营空闲房屋的空间实体，可以是除标准化酒店外多类型业主经营的住宿业态。谁投资谁经营民宿不是重点，重点在于民宿一定是融合在地环境和文化元素的一种休闲生活方式的新空间，是舒适型、居家式住宿和服务产品的集合体，是能使住客获得愉悦深度体验，实现主—客深度交流，具有浓郁"主人文化"色彩的特色住宿业态。民宿产品既有标准化要求（在卫生、安全等方面必须达标），更是非标产品的典范（在建筑设计、空间布局及个性化服务等方面）。四川理县"浮云牧场"原为度假酒店，但因其"家"文化和提供"发呆"场域经营理念下营造的文化氛围、人文关怀、管家服务及其与在地居民、在地产业、在地扶贫的高度融合，而成为网红打卡民宿和政府扶持支持的对象。

以森林小镇等森林生态系统为基质，在充分融合在地环境及文化特质的基础上，以特色建筑为空间载体，以个性化、体验式服务为核心吸引物，提供舒适型居家式特色住宿及管家式服务，可称之为森林民宿。森林民宿建设主要立足于"自然山水""地域文化""特色建筑""家文化"等要素，建构起在森林环境中以抒发释放自然情怀的场域，分享主—客生活感悟，完成情怀体验等品质消费模式。森林民宿的特质主要体现为：场域森林化、环境景观化、文化在地化、空间设计化、服务贴心化、管理品质化、消费个性化、休闲生活化。

民宿经济在本质上是一种带有"主人文化"的"住宿"经济，是住客对休闲品质生活的向往与需求，民宿经营的是一种生活状态，是以满足住客个性需求为基本消费特征、与相关行业及产品关联度极高、以精神消费服务为主的产品体系。民宿经济作为社会经济发展中的一种新产业、新业态、新经济，被消费者称为"宿在民居、乐在乡间、游在山水，具有自然味、乡土味、人情味"，是"有温度的住宿、有灵魂的生活、有情感的体验"①。

民宿经济从规模上异军突起，以浙江莫干山为代表，迅速在国内发酵，带动形成一股民宿建设热潮。国家层面，不断推出相关政策，鼓励发展民宿经济，"充满情怀"的民宿产品如雨后春笋般萌生，其中不乏成功案例。一方面民宿经济整体呈火爆态势，有着巨大的市场"蓝海"与发展潜力；另一方面民宿经营两极分化明显，80%的民宿经营趋向惨淡②。因此，民宿经济发展动态值得高度关注，更需要行业监督管理及时跟上市场发展的步伐，为民宿经济营造一个健康的发展空间。

二 森林小镇建设与民宿经济发展的关系

森林小镇建设与民宿经济发展的结合为推进林业产业经济结构转型升级和产业与文化、旅游等的融合发展提供了重要的切入口，为民宿经济提供了宝贵的发展平台与优良的场域，对民宿经济有着极强的带动作用。建设发展森林小镇，森林民宿是不可或缺的重要产业形态和助推新型城镇化进程的直接体现；民宿经济是森林小镇产业体系的重要组成部分，为繁荣森林小镇提供强有力的支撑。集"食、住、养、情、学、闲、商"于一体的民宿经济的发展，极大地满足了森林小镇发展休闲产业中"食、住、游、娱"的基本需

---

① 刘琦：《打造"民宿经济"》，《中国发展观察》2017年第15期。
② 陈瑾：《发展民宿经济与提升乡村旅游品质研究——以江西省为例》，《企业经济》2017年第8期。

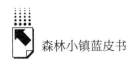

求，大大增强森林小镇旅游、文化体验性，实现森林小镇旅游功能的完善与价值的提升①，是森林小镇成为宜居宜业、宜商宜游、宜学宜养、宜乐宜享的异地之"家"和人们选择第二居所的重要空间实体。

（一）森林小镇建设为民宿经济发展提供平台

森林小镇是整合林区（乡村）内外资源的重要平台，是新型城镇化建设的重要平台，是特色地域文化 IP 打造、国际化表达、产业链延伸的重要平台，是产、城、人、文、旅融合发展的重要平台。

基于林区的森林小镇建设与发展以特色林产业为内核，必然要立足于林区（乡村）原有产业转型升级，必须充分挖掘利用原有产业基础、资源禀赋和人才基础，形成园区、社区和景区的多维融合发展模式，创新特色产业集聚，辐射带动周边产业和社区发展，加快推进在地城镇化进程，通过集聚资本、人才、创新创业等要素，成为该地区对接外部资源的重要平台②。这必然使森林小镇积淀下深厚的小镇故事资源，营造出浓浓的小镇文化氛围，这就是民宿经济发展的"良田沃土"，是民宿经济的重要客源支撑，是营造民宿文化氛围、创建人文关怀情境的基础性资源。

（二）民宿经济发展为森林小镇建设塑造情境，使其业态丰富、功能完善

森林小镇的发展需要人流量，只有人来了才能有消费，只有有消费了才能有经济增长点，民宿能够使消费者"停下来、住下来、留

---

① 袁颖：《"创意农业＋创意旅游＋创意文化"特色小镇设计分析》，《建材与装饰》2018 年第 22 期。

② 许伟明：《当特色小镇遇到美丽乡村》，《中国房地产（市场版）》2017 年第 1 期。

下来"，能够塑造社交情境、文化情境、住宿情境①。民宿产品正在走向品质化建设的道路，无论是空间设计，还是管理服务都要求特色化、个性化，强调人文关怀，注重高品质服务，营造的是带有情怀的"第二居所"、异地之"家"，这必将为森林小镇输入带有"素质感"的业主群体和消费群体，促使森林小镇的环境、景观营造跨越式提档升级，为森林小镇带来难以估量的"市场流量"。民宿经济繁荣的不仅只有住宿业态，与住宿相关联的产业也会因此而勃发，进而促进森林小镇多业态兴旺，社会服务功能不断完善。

三 对森林小镇建设与民宿经济融合发展的思考

（一）深刻把握经济功能是森林小镇的首要功能

森林小镇是在林区建设的特色小镇，但不是所有林区都具备建设森林小镇的基础和条件。在前述四部委发布的《意见》中明确指出："特色小镇是在几平方公里土地上，集聚特色产业、生产生活生态空间相融合、不同于行政建制镇和产业园区的创新创业平台。"可见，把行政建制的镇（乡）或某类型产业园区全域纳入森林小镇建设范围，是很难实现其"创新创业平台"建设目标的。热衷授牌的主管行政机构和钟情创牌的地方乡（镇）党委政府，需要抛弃片面政绩观，认真分析资源、社会经济发展条件，充分研判市场，深挖特色，对条件基本具备的林区积极引导建设森林小镇，完善要素配置，搭建创新创业平台，形成资本、技术、人才、市场的"旋涡"吸引器。

---

① 袁颖：《"创意农业＋创意旅游＋创意文化"特色小镇设计分析》，《建材与装饰》2018 年第 22 期。

经济功能是森林小镇的首要功能，建设森林小镇就是要通过制度创设在特色小镇集聚各类优质要素，形成基于特色产业的创新、生产、销售、服务于一体的新兴产业空间组织形式①，必须把孵化、培育和发展特色林业产业作为森林小镇建设的关键，这是建制镇（乡）所难以企及的功能。

（二）深刻把握特色产业创新是森林小镇的发展导向

森林小镇的发展定位一定是产业创新，是以特色产业为引领的新兴产业孵化、培育平台，建构以产业创新为导向的产业集群和产业发展生态位，活力在于创新、发展动能也是创新，要把集聚高端要素、构筑以产业创新为导向的产业生态位作为森林小镇建设的发展定位。一是要创新管理机制体制，以制度创新成为各类优质要素聚集的平台；二是要创新技术人才合作模式，"走出去、请进来"，实行"专家大院"、"人才工作站"等不拘一格的技术人才吸纳方式，强化自主创新、协同创新，形成有人才、技术支撑的创新创业研发平台；三要建构特色林产业生态链、生态网，形成融合度高的林产业生态系统；四是重点抓住林产业体系中高端要素的集聚和跨界新兴产业的集群化发展，至少能成为区域林业发展的创新极和创新体系的重要节点，形成区域产业创新升级的强大内生动力。

（三）深刻把握民宿经济中"情怀"与"商业"的高度统一

民宿经济的发展正处于热情高涨阶段，市场有需求，供给尚处于盲目阶段。随着民宿经济发展的不断推进，当下亦有将民宿不断泛化的趋势，不仅乡村客栈、农家乐等被视为"民宿"空间载体，甚至城市小区家庭旅馆也被冠以"民宿"头衔，仿佛一夜间神州大地

---

① 盛世豪、张伟明：《特色小镇：一种产业空间组织形式》，《浙江社会科学》2016年第3期。

"民宿"遍地花开。然而，民宿经营者80%亏损的残酷现实，足以让我们在热忱之下保持冷思考。当前，民宿经营业内，各种心态、各种说法都有。有说做民宿就是做"情怀"，有说"情怀"不能当饭吃……笔者认为，没有情怀的民宿就不能称之为民宿，只有情怀没有商业的民宿只能说是"伪情怀"，把环境营造当作"情怀"，以为可以坐地起价，一定走不远。真正的情怀一定能打动人，也一定能获得商业成功；大凡在商业上成功的民宿，都一定有真挚感人的情怀打基础。

（四）抓住机遇，加快推进森林小镇建设与民宿经济融合发展，创造快乐经济

著名美国未来学家阿尔文·托夫勒（Alvin Toffler）在《未来的冲击》中预见性地指出：未来经济将是一种体验经济，未来的生产者将是制造体验的人，体验制造商将成为经济发展的支柱之一。随着已然到来的消费升级时代，健康、文化、休闲、旅游等正在成为最具发展潜力的经济增长点或增长极。森林小镇建设和民宿经济发展势头迅猛，正是社会经济发展中人们需求层次不断升级，文化精神产品消费水平不断提升，不但重视消费中的物质享受，更在意消费所带来的精神愉悦的市场反应和体现，消费者的任何一项消费，都是在寻求产品和服务带来的愉悦、快乐体验。森林小镇的优美环境、风物人情、地道林产品、舌尖美食、特色民宿、文创体验、品质服务……无一不是生产快乐的基质，快乐能够产生直接经济效益，快乐正在成为生产力。森林小镇及民宿经济的融合发展正在成为体验经济、快乐经济发展的新引擎。

调研报告

Research Reports

B.5

以森林小镇助推乡村振兴*

——四川省森林小镇建设调查

摘　要：　四川省森林小镇建设从2007年9月省政府提出"建设
林业强省"开始，贯彻落实"大规模绿化全川"行
动，以系统化思维营造发展氛围为指引；以高点站位
规划打造核心品牌为支柱；以大跨度海拔生态优势为
基础；以激发多方协作凝聚发展合力为路径；以深挖
自然人文产业独有性为抓手；以优化大交通接驳点为
支撑，开辟了一条因地制宜的森林小镇建设道路。通

* 调研组：庞波，发展中国论坛秘书长、课题学术委员会委员，博士；倪建伟，调研组组长，
发展中国论坛学术委员会委员，浙江财经大学教授、博士生导师；宋彩虹，中国市场经济委
员会学术委员会副主任；李梅，四川农业大学教授、博士生导师；李霞，四川省林业厅旅游
中心办公室主任；赵霖轩，浙江财经研究助理；张洁宇，浙江财经大学研究助理。本报告
执笔：赵霖轩。

过对四川省共9个"森林小镇"创建地区的实地深入考察发现：四川省森林小镇准确地踏上了新时代发展的浪潮，从扎实的基础出发，在森林小镇的质量和数量上迅速发展，做到了以"生态优先"为指引，文旅特色鲜明，产业发展多样化，同时将精准扶贫以及乡村振兴的理念融入了森林小镇建设。下一步，应在如何平衡区域间发展、如何破解产业单一问题、如何深挖文化底蕴、如何吸引市场化力量参与建设、如何打通完善的路网交通等方面深入探索。为此，调研组建议：高点站位，构建全领域多层次协作发展体系；产业融合，形成不同产业间的联合与接轨；深挖底蕴，提升知名度、美誉度和影响力；市场主导，夯实可持续发展支持动力；整合资源，优化水、陆、空一体化交通网。

关键词： 森林小镇　协作发展　乡村振兴　特色发展

四川省位于中国西南，地处长江上游，介于东经92°21′~108°12′和北纬26°03′~34°19′，东西长约1075千米，南北宽约900千米，省域总面积48.6万平方千米，居全国第五位，至2017年底，全省森林覆盖率达38.03%，国土绿化覆盖率达67%。全省地貌东西差异大，地形复杂多样。四川位于中国大陆地势三大阶梯中的第一级和第二级，即处于第一级青藏高原和第三级长江中下游平原的过渡带，高低悬殊，西高东低的特点明显，平均海拔高度1056米，最高海拔7556米。从纵向和横向来看，四川省生物和生态系统极其丰富，拥有建设出特色鲜明的森林小镇的坚实基础，省内有各类野生经济植物 5500 余种，其中药用植物4600 余种，全省所产中药材占全国药材总产量的 1/3，是全国最大的中药材基地；同时拥有脊椎动物近 1300 种，国家重点保护野生动物 145 种，占全国的 39.6%。四川省将森林小镇建设与乡村建设相结合，为推进乡村振兴和特色小镇建设开辟了一条全新的道路。

2016 年 7 月 28 日，中共四川省委十届八次全体会议通过《中共四川省委关于推进绿色发展建设美丽四川的决定》，省政府印发《大规模绿化全川行动方案》（川办发〔2016〕73 号），明确要 "实施森林城市建设行动……开展森林城市、园林城市、森林小镇等绿化模范创建活动"。2017 年 6 月 16 日，四川省绿化委员会和四川省林业厅联合发布《四川省森林小镇建设工作方案》，强调为贯彻落实省委省政府关于大规模绿化全川的决策部署，落实省政府《大规模绿化全川行动方案》（川办发〔2016〕73 号）和《四川省人民政府办公厅关于加快推进森林城市建设的意见》（川办函〔2017〕122 号），决定开展森林小镇建设工作。

2018 年 8 月 9 日到 16 日，由发展中国论坛秘书长、课题学术委员会委员庞波带队，调研组一行共 8 人，对四川省森林小镇建设情况进行调研。重点实地考察了广元市、眉山市、雅安市、甘孜藏族自治州和成都市五个市州在内的共 9 个森林小镇的具体情况（见表 1）。这些森林小镇建设充分利用了当地地理条件、自然资源条件、文化底蕴条件等在地优势，有思路有做法有成效，开创了在全国森林小镇建设、四川省 "大规模绿化全川" 双重背景下的政企合作新模式以及市场化盘活废旧资产以带动区域发展的新思路，为新时代下的森林小镇建设提供了示例和经验。

表 1　2018 年 8 月四川省调研样本

调研时间	调研乡镇	调研森林小镇
2018 年 8 月 9 日	白朝乡	白朝森林小镇
2018 年 8 月 9 日	剑门关镇	剑门关森林小镇
2018 年 8 月 10 日	姚渡镇	姚渡森林小镇
2018 年 8 月 11 日	南城镇	南城森林小镇
2018 年 8 月 11 日	柳江镇	柳江森林小镇
2018 年 8 月 12 日	九襄镇	九襄森林小镇
2018 年 8 月 13 日	杵泥乡	杵泥森林小镇
2018 年 8 月 14 日	磨西镇	磨西森林小镇
2018 年 8 月 15 日	西岭镇	西岭森林小镇

一　四川省森林小镇建设的基本历程与成效

2017 年 10 月 19 日，四川省绿化委员会和四川省林业厅联合正式对外发布四川省首批森林小镇名单（川绿委〔2017〕10 号），其中金堂县五凤镇等 32 个小镇入围。四川省绿化委员会、四川省林业厅要求，首批入围的小镇要进一步强化组织领导，完善工作机制，巩固和深化创建成果。同时，各市州林业部门要进一步挖掘各地绿色生态资源，完善生态服务功能，积极打造森林小镇品牌。2018 年 3 月 28 日，四川省绿化委员会和四川省林业厅联合发布《关于授予大邑县西岭镇等 35 个乡镇（林场）为第二批省级森林小镇的通知》（川绿委〔2018〕6 号），四川省第二批省级森林小镇名单正式公布，并已明确省级森林小镇创建目标，即 2020 年前，建成 100 个省级森林小镇。

党的十九大报告提出实施乡村振兴战略，坚持党管农村工作，坚持农业农村优先发展，坚持农民主体地位，坚持乡村全面振兴，坚持城乡融合发展，坚持人与自然和谐共生，坚持因地制宜、循序渐进。在四川省两批共 67 个森林小镇中，有 32 家森林小镇位于贫困县，占

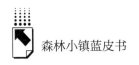

总数的 47.76%。而森林小镇作为特色小镇的一种特殊模式，是依托优质的森林资源，以绿色生态文化为基础的"产业、文化、社区"有机结合的功能性社区，是林区践行"把金山银山建在绿水青山，把绿水青山转变为金山银山"理念的新举措，是实现乡村振兴的重要途径。四川省全面贯彻国家关于生态文明建设决策部署，牢固树立绿色发展理念，融合森林、湿地、绿地资源，统筹镇、乡（或社区）、国有林场和国有林区规划建设与山水林田湖布局，保护自然生态风貌，完善生态服务功能，打造宜居宜游宜养生态环境，满足城乡居民对绿色的期盼和需求，实现区域经济、社会、生态、文化协调永续发展。

（一）四川省森林小镇建设的基本背景

1. 森林自然资源条件优越

四川林区面积居全国第 2 位，森林资源富集。全省林地面积 2402.4 万公顷，占全省辖区面积的 49.43%，居全国第 3 位，森林面积 1725.7 万公顷，居全国第 4 位，其中有林地 1534.2 万公顷，疏林地 21.3 万公顷，灌木林地 764.8 万公顷，未成林地 17.6 万公顷，苗圃地 0.2 万公顷，宜林地 64.3 万公顷。现有活立木蓄积 17.9 亿立方米，居全国第 3 位，森林覆盖率 38.03%（2017 年）。全省森林资源分布不均，资源富集量按川西高山高原区、盆周山区、川西南山区、盆中丘陵区依次递减。全省天然林面积 1627.4 万公顷，人工林面积 710.6 万公顷。全省公益林（地）资源总面积 1759.8 万公顷，占林地总量的 73.25%。全省商品林（地）资源总面积 642.6 万公顷，占林地总量的 26.75%；商品林总蓄积 4.28 亿立方米，占全省活立木总蓄积的 23.91%。

四川历来是全国生态建设的重点地区。20 世纪 80 年代后期国家在四川等 9 个省份实施了长江中上游防护林建设工程，1998 年四川在全国率先启动天然林资源保护工程，1999 年在全国率先启动退耕还林工程，并先后开展了自然保护区及森林公园、防沙治沙、湿地保护恢复、川西藏区生态保护与建设等重点生态工程建设。目前，全省建成自然保护区 169 个，其中林业系统管理的森林、湿地和野生动植物类型自然保护区 123 个，保护面积 725 万公顷；建成森林公园 121 个，经营面积 75 万公顷；建成湿地公园 28 个，面积超过 3 万公顷。近 90% 在川有分布的国家重点保护野生动植物物种、近 50% 的自然湿地和大批优质森林景观资源得到有效保护。全省沙化土地总面积 91.4 万公顷，累计治理沙化土地 16133.3 公顷；石漠化土地总面积 73.2 万公顷，治理石漠化土地 15.4 万公顷。2013 年，全省林业生态服务总价值 1.63 万亿元，居全国首位。

森林小镇作为适宜建设在森林、湿地、绿地等生态资源丰富，自然景观优美，生态品质良好的镇、乡（或社区）、国有林场和国有林区的一种绿色载体，丰富的森林资源是建设森林小镇的基本条件。

比如四川省北部广元市青川县境内的姚渡镇，全镇总面积 213 平方公里，国土绿化覆盖率达 96%，处川、陕、甘三省交会地带，气候属北亚热带湿润季风气候，雨量充沛，四季分明，拥有着得天独厚的生态优势和资源优势，为森林小镇的创建提供了不可或缺的条件；再比如大邑县西岭镇，地处成都市境内，总面积 447 平方公里，其境内森林茂密，拥有一处原始林海，负氧离子每立方厘米最高达 6 万，同时还拥有着众多森林生态资源，当地政府积极提升全社会保护森林资源的意识，提高天然林保护工作的能力水平。2015～2017 年，全镇新增植树造林占全部林地的 0.6%。

专栏 5 - 1

四川省部分森林小镇森林资源情况

姚渡镇：姚渡镇全镇有森林面积 13286.6 公顷，总人口 6242 人，森林覆盖率 82.4%，乡土种树造林率 80%，国土绿化覆盖率 96%，

古树名木保护率100%。主要植被类型为常绿阔叶林、常绿与落叶阔叶混交林及落叶阔叶林。境内有毛寨省级自然保护区1个，总面积20800公顷，是联系周边地区最重要的"生物走廊带"。镇内有国家一级、二级重点保护植物十余种，如红豆杉、珙桐、西康玉兰、厚朴等。

西岭镇：西岭镇下辖6个行政村，70个社，面积447平方公里，森立面积达64万亩，全镇森林覆盖率高达95.4%，且镇内大部分森林均为无人原始森林，拥有离大都市（成都）距离最近的、面积最广的原始森林。负氧离子每立方厘米最高达6万个，空气清新，是名副其实的"天然氧吧"。拥有西岭国家森林公园、黑水河自然保护区、国家大熊猫公园、国家AAAA级旅游景区等森林生态资源，拥有大熊猫、金丝猴、雪豹等国家级保护动物，珙桐、金丝楠木、高山杜鹃、香果树、珂楠树等珍稀树种。

白朝乡：白朝乡位于广元市利州区西部，地处成都至九寨沟的旅游环线上，距离广元城市40公里，全乡面积146.25平方公里，境内地貌东南地、西北高，属亚热带季风气候，常年光照时数1387.2小时，年降水量940毫米。白朝乡远离城区，空气无污染，绿化覆盖率达88.2%、绿化率98%，全乡公益林面积占森林总面积的比例保持在40%以上。红豆杉、桢楠、润楠、珙桐、麦吊云杉、刺五加、红椿、天麻、重楼等1000余种动植物在此处繁衍栖息。

资料来源：调研组实地调研整理。

2. 当前乡村面貌亟待改变

四川省总面积48.6万平方公里，辖21个市（州），183个县（市、区）。2016年底，常住人口8262万。四川是一个面积大省和人口大省，然而综观全国，其经济发展水平却无法与人口和面积相匹配，尤其省内的农村地区更是相对落后。2017年，四川省农村居民人均可支配收入为 12227 元，低于全国农村居民人均可支配收入（13432 元）。2018 年，四川 183 个县（市、区）中，还有 88 个贫困县，其国家级贫困县 66 个，省级贫困县 22 个。全省 21 个市（州），除了成都、资阳、内江、雅安、自贡、攀枝花、遂宁、德阳、眉山无贫困县，其余 12 个市（州）均有贫困县分布。由于四川地处西部内陆，尽管在国家政策的大力支持下取得了很大发展，但总体发展水平仍然大大落后于东部沿海地区。工商业发展的滞后也使得各地地方财政财力不足，以工业反哺农业、以城市反哺农村的难度很大。这样使得四川大量农村剩余劳动力长期在省外务工，农村劳动力的大量外出，一方面挣回了打工收入，但另一方面影响了四川农村经济快速发展，使农村经济的发展严重滞后。

四川农村贫困地区和人口呈"大分散、小集中"的特点，分布极广，地域几乎涵盖全省，集中分布于川西北高寒藏羌区、攀西老凉山地区、川北秦巴山区、川南乌蒙山区和川中丘陵区。而且广元、广安、达州、巴中、甘孜下辖区市县全部为贫困县，阿坝藏族羌族自治州除州府所在地马尔康，凉山除州府所在地西昌外，其余县均为贫困县。四川是一个盆地，四面是山，人口分布集中在川东南的平原、丘陵地区。东、南、西北的山区地处偏远，交通不便，土地贫瘠，生态环境恶化，干旱、水灾、泥石流等自然灾害频繁，农业靠天吃饭，生存和生产条件很差。农村基础设施建设明显滞后，这也是四川贫困地区扶贫的最主要障碍。由此可见，四川省的脱贫攻坚任务还很艰巨。

为提高各地区经济发展水平，带动地区间协作，早日脱贫摘帽，四川农村居民生活贫困、各方面落后的面貌急需改变，四川省投入大量财力精力进行精准扶贫，力争高质量打赢脱贫攻坚战。而森林小镇作为助推乡村振兴的一个新模式，拥有着改变乡村旧貌、提高农村居民收入水平，且作为四川省脱贫工作的一个全新和重要载体的潜力。

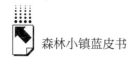

专栏 5 - 2

四川省贫困县案例：汉源县

汉源县位于雅安市南部，四川盆地与川西高原之间的过渡地带，全县辖区面积2382平方公里，辖30个乡镇191个村19个社区，总人口32万，其中贫困村63个，贫困人口8305人。汉源县情特殊，是瀑布沟水电站移民区主库区县、享受少数民族地区待遇县、革命老区县和"4·20"地震受灾县，这些年还相继遭受了"8·6""7·17""7·27"等多次重特大山体滑坡灾害。移民工作、灾后重建以及促进民区、老区发展和贫区脱贫的任务都十分艰巨。

资料来源：调研组实地调查整理。

3. 城乡居民需求发生变化

在城市化迅猛发展的今天，生活节奏快、竞争压力大、市内拥挤、环境恶化、房价上涨、绿地面积少、处处充斥着人工制成品，都市人长期处于时间和空间的双重压迫下，心中更加渴望亲近自然、放松心情。由于传统的外省旅游受到旅途时间长、环境陌生和花费大等因素的限制，往往不能满足当今城市居民快节奏的生活方式。而森林小镇交通便利、可进入性强、距离短、花费低和自然生态等特点，满足了城市居民的旅游需求。收入水平和消费水平的提高是城市居民外出旅游的物质保障，也是旅游带动需求增长的必要条件。城市居民的出游率主要受到当地居民收入水平和消费水平的影响，由于各个城市的经济发展程度不一，不同地区的城市居民在收入水平和消费水平方面有所差异，因此在外出旅游方面的意愿和方向也有差异。

同时，"康养"这个词逐渐出现在人们的视野中，康养即对身体的养护，保证身体机能不断趋于最佳状态或保持在最佳状态，是目前康养最基本的养护内容和目标。如保健、养生、运动、休闲、旅游等产品或服务，旨在对康养者的身体进行养护或锻炼，满足康养者身体健康的需要。康养产业是资源依赖性很强的产业，根据自然资源的不同可将康养产业分为不同类型。其中的森林康养是以空气清新、环境优美的森林资源为依托，开展包括森林游憩、度假、疗养、运动、教育、养生、养老以及食疗（补）等多种业态的集合。而温泉康养则因温泉本身具有保健和疗养功能而成为传统康养旅游中较受欢迎的一种形式。现代温泉康养已经从传统的温泉汤浴拓展到温泉度假、温泉养生，以及结合中医药、健康疗法等其他资源形成的温泉理疗等。

4. 政策制度提供发展空间

2005 年 8 月，时任浙江省委书记的习近平同志于浙江湖州安吉考察时提出了"绿水青山就是金山银山"，强调"生态环境优势转化为生态农业、生态工业、生态旅游等生态经济的优势，那么绿水青山也就变成了金山银山"。2017 年 10 月 18 日，习近平同志在十九大报告中指出，坚持人与自然和谐共生。必须树立和践行"绿水青山就是金山银山"的理念，坚持节约资源和保护环境的基本国策，像对待生命一样对待生态环境，统筹山水林田湖草系统治理，实行最严格的生态环境保护制度，形成绿色发展方式和生活方式，坚定走生产发展、生活富裕、生态良好的文明发展道路，建设美丽中国，为人民创造良好生产生活环境，为全球生态安全做出贡献。

在"绿水青山就是金山银山"理念提出后，国家出台了许多相关政策，从各个方面大力支持各地区加快生态环境优势转变，四川省政府也积极响应国家政策，从政策、资金等多层次上大力支持相关产业的转变发展与创新。森林小镇作为在这一背景下应运而生的新兴产业，目前的大环境无疑给森林小镇营造了一个充满机会的发展大环境，四川省森林小镇则及时抓住时代的机遇，顺应国家政策的浪潮向前迈进。

专栏 5 - 3

四川省森林小镇补助资金

为贯彻落实四川省委省政府关于大规模绿化全川的决策部署，加快推进森林城市建设，保护自然生态风貌，完善生态服务功能，打造宜居宜游宜养生态环境，满足城乡居民对绿色的期盼和需求，实现区域经济、社会、生态、文化协调永续发展。

四川省绿化委员会、省林业厅按照"公开、公平、公正"的原则，组织有关专家进行评选认定，对符合条件的申报单位，按程序授牌"省级森林小镇"。同时建立完善奖补政策，对成功创建的每个省级森林小镇给予二十万元的补助奖励。森林小镇建设补助资金专项用于各森林小镇开展森林知识科普与自然生态体验教育展示、标识标牌制作等。此外，设有四川省森林小镇建设领导小组，负责全省森林小镇发展规划、认定、建设和管理工作，对森林小镇建设实行动态管理，对授牌后不投入、不建设、不重视等不符合要求的取消其称号并收回授予的"省级森林小镇"牌匾。

资料来源：调研组实地调查整理。

（二）四川省森林小镇建设的基本历程

四川省森林小镇建设注重前期规划与后期运营相结合，在不同的阶段制定出明确的发展方向、建设目标，大体上可分为以下三个阶段。

1. 孕育发展阶段（2007年9月至2016年9月）

2007 年 10 月，党的十七大报告明确提出把建设"生态文明"作为实现全面建设小康社会的五大目标之一，基本形成节约能源资源和保护生态环境的产业结构、增长方式、消费模式，并首次将人与自然和谐，建设资源节约型、环境友好型社会写入党章。此前，四川省政府于 2007 年 9 月 30 日出台的《加快林业产业发展的意见》（川府发〔2007〕48 号）中明确提出"建设林业经济强省"，全面启动了集体林权制度改革。

2009 年 8 月，四川省委召开首次林业工作会议，明确了新形势下加快林业发展的基本思路、总体目标和重点工作，提出实现由维护生态安全向建设生态文明提升、由传统数量林业向现代效益林业转变、由森林资源大省向林业经济强省跨越，开启了四川发展现代林业、建设生态文明的新阶段。

2015 年 3 月，中共中央、国务院印发了《国有林场改革方案》和《国有林区改革指导意见》，提出全面贯彻落实党的十八大和十八届三中、四中全会精神，深入实施以生态建设为主的林业发展战略，按照分类推进改革的要求，围绕保护生态、保障职工生活两大目标，推动政事分开、事企分开，实现管护方式创新和监管体制创新，推动林业发展模式由以木材生产为主转变为以生态修复和建设为主、以利用森林获取经济利益为主转变为以保护森林提供生态服务为主，建立有利于保护和发展森林资源、有利于改善生态和民生、有利于增强林业发展活力的国有林场新体制，为维护国家生态安全、保护生物多样性、建设生态文明做出更大贡献。

2016 年 5 月，四川省委省政府联合印发《四川国有林场改革实施方案》，提出整合优化国有林场布局、合理界定林场属性、科学核定编制岗位、妥善安置富余人员、完善社会保障体系、转换经营管理机制、加强森林资源管理七项改革措施，力争在 2017 年底前完成全部改革事项。"十三五"期间，通过国有林场改革，全省森林面积和森林蓄积增量分别超过 46.7 万公顷、8000 万立方米；管护工区实现公路、通电、通水和信息网络全覆盖，提升职工收入，确保林场与全省同步实现全面小康；基本形成功能定位明确、管理科学规范、森林管护购买服务、资源监管分级实施的林场管理体制。

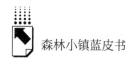

在这一时期，四川省各地区加快推进生态文明建设，并取得了显著成效。生态环境质量总体改善，主要污染物排放总量持续减少，大气环境质量和重点流域水环境质量明显改善，重要江河湖泊水功能区水质达标率提高到80%以上，生态功能完整性得到保障，饮用水安全保障水平持续提升，土壤环境质量总体保持稳定，环境风险得到有效控制。全省林地保有量保持在3.54亿亩以上，森林覆盖率达到37%，森林蓄积达到17.9亿立方米，草原综合植被覆盖度保持在85%以上，湿地保有量达到2500万亩以上，治理和保护恢复植被的沙化土地面积不少于1320万亩。全省市、县城市建成区绿地率达到35%，其中设区的市城市建成区绿地率达到38%，城市人均公园绿地面积14平方米。95%的国家和省重点保护物种及四川特有物种通过自然保护区得到有效保护，生态系统稳定性增强。

这一阶段的努力，为今后的森林小镇建设工作的开展提供了宝贵而坚实的环境基础，并且在探索生态文明建设的过程中，已经出现了以农副产业为核心的若干产业园区，为今后的森林小镇提供了核心的产业链，形成了森林小镇的雏形。

2. 省域整体快速推进阶段（2016年10月至2018年1月）

2016年10月9日，四川省政府召开全省大规模绿化全川电视电话会议，部署全省大规模国土绿化工作。同日，四川省政府办公厅下发《大规模绿化全川行动方案》，贯彻落实四川省省委十届八次全会精神，提出"开展森林城市、园林城市、森林小镇、园林城镇等绿化模范创建活动，实施动态评估机制"。坚定走生态优先、绿色发展之路，加快建设美丽四川。同时为助力大规模绿化全川，筑牢长江上游生态屏障的重要支撑，2017年6月13日，四川省人民政府办公厅发布《四川省人民政府办公厅关于加快推进森林城市建设的意见》（川办函〔2017〕122号），提出以改善城乡生态环境、增加城市生态供给为主要目标，到2020年，森林城市建设全面推进，初步形成符合省情、层次丰富、特色鲜明的森林城市发展格局，基本建成成都平原、川南、川东北、攀西四大森林城市群。同时提出积极建设森林村镇。依托四川省多数集镇依山傍水多林的优势，统筹乡镇规划建设与山水林田湖布局，突出地理、生态、产业、文化等特色，集中打造一批森林覆盖率高、生态品质好、宜居宜游的森林小镇。

在"大规模绿化全川"的指导思想下，四川省以"森林"为主题的特色小镇正式走进大众的视野。2017年6月，四川省绿化委员会、四川省林业厅联合印发《四川省森林小镇建设工作方案》，标志着四川省森林小镇建设项目正式启动。

《四川省森林小镇建设工作方案》中指出森林小镇建设全面贯彻国家和省关于生态文明建设决策部署，牢固树立绿色发展理念，坚持"绿水青山就是金山银山"，融合森林、湿地、绿地资源，统筹镇、乡或社区规划建设与山水林田湖布局，保护自然生态风貌，完善生态服务功能，打造宜居宜游宜养生态环境，满足城乡居民对绿色的期盼和需求，实现区域经济、社会、生态、文化协调永续发展。为明确森林小镇建设要求，四川省制定了森林小镇创建指标，涉及定量指标、定性指标和其他指标三大类，主要涵盖森林覆盖率、绿化覆盖率、森林生态系统、植树造林、资源保护、森林文化六大指标。在这一系列评定标准下，2017年10月19日，四川省绿化委员会、四川省林业厅正式对外发布四川首批省级森林小镇名单，四川共计32个小镇入围。

发布首批省级森林小镇名单，不仅体现了四川省森林小镇建设的快速阶段性发展，同时也标志着四川省森林小镇建设步入正轨。在这一创建过程中，四川省强调科学合理的前期规划和坚定不移的生态优先理念，充分发挥地方地理、交通、资源、文化等方面的优势，区域间相互合作、学习、指导，以"大规模绿化全川"为背景，挖掘地方底蕴特色，精准定位不同类型的森林小镇，并配以相关政策支持和

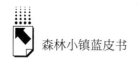

科学引领。同时注重创新建设机制，积极探索运用政府和社会资本合作、政府购买服务、政策性贷款等办法，充分引导社会金融资金的参与，形成新型城镇化下的多元化投融资机制。

3. 谋求高质量发展阶段（2018年2月至今）

2018年2月，习近平总书记于四川考察指导并发表重要讲话，在充分肯定了党的十八大以来四川省各方面建设和党建取得的成绩的基础上，强调坚定践行"绿水青山就是金山银山"理念，建立以治理体系和治理能力现代化为保障的生态文明制度体系，打通生态价值实现通道，促进生态效益、经济效益、社会效益统一，对四川省森林小镇的建设在发展质量、发展速度、发展水平上又提出了新的要求。

在首批省级森林小镇名单公布之后，四川省积极开展第二批省级森林小镇的建设和评定工作。其间，四川省积极思考首批森林小镇建设过程中的不足，为了追求建设高质量、高水平的森林小镇，立足于国内特色小镇的发展情况和省内森林小镇的建设实情，建立了一套更详细的专家评选和民选相结合的森林小镇创建指标，该指标包含森林小镇申报体系以及具体评定内容。标准化的森林小镇创建指标体现出了在森林小镇建设过程中，如何将生态资源、产业发展、乡镇功能、生态文明、底蕴特色、组织管理和创新机制等方面在以森林小镇为载体的层面上得到进一步提升和升华，是如今四川省建设森林小镇的重点和主抓方向。

2018年3月28日，四川省绿化委员会和四川省林业厅联合发布《关于授予大邑县西岭镇等35个乡镇（林场）为第二批省级森林小镇的通知》（川绿委〔2018〕6号）。据悉，共有57个单位申报四川省第二批森林小镇，经过专家评选和民选后，最终选出其中35个授予第二批"省级森林小镇"称号。

在这一阶段，四川省各级政府认真贯彻落实省委省政府"开展大规模绿化全川行动，建设长江上游生态屏障"的重大决策部署，以首批森林小镇的建设情况为参照，以生态旅游型、森林康养型、生态保护型、森林文化型为四大建设定位，突出绿色生态的理念，将森林小镇建设与经果林发展、特色民宿建设、红色文化传承等紧密结合，快速而又高质量地创建出了一批以"既要绿水青山，也要金山银山，坚持走'绿而美，绿变金'的特色发展之路"为理念的森林小镇。深化推进乡村振兴，以森林小镇作为培植乡村经济发展新引擎的载体，发展的同时坚持"生态优先"的原则，以生态建设、生态治理为两大抓手，通过森林小镇这一载体带动周边地区相关产业发展、完成相关产业链的初步形成，深度贯彻落实省内精准扶贫政策，快速提高了乡镇居民的收入水平并改善了生活状况，发挥了森林小镇的区域性带动作用。

专栏 5-4

四川省森林小镇创建指标与评定内容

四川省森林小镇创建评定内容包含生态优美、产业兴旺、功能聚合、乡风文明、特色鲜明、组织领导、机制创新和申报资料共八个方面，采用评分式的方法，满分共 120 分。

部分评分细则为：生态优美的评分从森林覆盖率达标，绿化覆盖率达标，绿化率达标，街道、庭院、居住区绿化覆盖率和绿化率达标方面等进行打分；产业兴旺的评分从生态产品供给能力和服务水平，生态种养、加工和生态旅游的产业整合发展，产业总收入超过全省林产业平均水平方面进行打分；功能聚合的评分从文化功能、旅游功能和社区功能三个角度进行打分；特色鲜明的评分从四川省森林小镇的四种定位的角度进行打分，即生态旅游型、森林康养型、生态保护型和森林文化型；创新机制的评分则从多元化投融资建设以及与当地政策、资金整合度的角度来进行打分；此外，还对文字、视频、画册等申报资料，申报内容的全面性，申报重点也有着相应的要求。

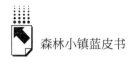

同时还规定近 3 年有下列情况之一者，不得申报：发生重大以上（含重大，下同）造林绿化质量和责任事故，发生重大以上违法侵占林地绿地湿地事件，发生重大以上盗伐滥伐林事件，发生重大涉农林地林木经营纠纷，发生重大以上滥捕滥猎野生动物滥采滥挖野生植物事件，发生较大以上森林火灾，发生破坏古树名木恶性事件，发生重大以上林业有害生物灾害，发生盲目引种造成有害生物入侵恶性事件等。

资料来源：根据四川省林业厅提供的资料整理。

（三）四川省森林小镇建设的主要成效

1. 环境改善，贯彻落实绿化全川行动

为全面贯彻国家和四川省关于生态文明建设决策部署以及各县政府关于创建全域旅游示范区和生态康养旅游县的相关精神，各森林小镇创建地区坚持因地制宜，依托现有森林资源，全面绿化，建设美丽乡村。同时加强建设项目监管，尽量不占或少占林地，严厉打击滥砍乱伐等各项违法行为；将森林小镇定位成农村和城市人都向往的接待设施齐全、基础设施完备、服务功能完善、宜居宜游宜养之处，满足城乡居民对于绿色的期盼和需求。

截至 2017 年底，四川省全省森林覆盖率达到 38.03%，较 2016 年增加 1.15 个百分点，增速为近年来最快（见图 1），四川省城市人均公园绿地面积已达 12.47 平方米。至 2017 年底，全省绿化覆盖率达到 67%，较 2016 年增加 1 个百分点。至 2017 年底，四川省全省累计完成造林营林总面积 1294.31 万亩，同比增长 16.2%，再创近年来新高。2017 年，四川各地完成义务植树 1.38 亿株。在众人关注的城乡人居环境改善层面，全省设市城市建成区绿化各项指标均有所提升、增长。2017 年四川各设市城市开工绿地建设面积达到 7.5 万亩。

至 2017 底，四川设市城市建成区绿地率、绿化覆盖率分别达 35.51%、39.9%，全省累计建成国家级省级园林城市（县城、城镇）数量达 69 个。

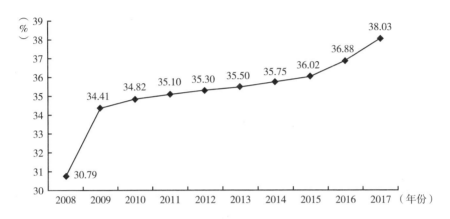

图 1　2008～2017 年四川省全省森林覆盖率

2017 年，四川省实现了空气质量主要考核指标 PM10 和 PM2.5 平均浓度"双降"，优良天数率同比上升。同时在 2017 年，全省 21 个市（州）政府所在地城市环境空气质量平均优良天数为 300 天，比例为 82.2%。大气主要污染物减排完成国家目标任务。四川省环境监测总站提供的数据显示，2018 年 1～5 月，全省未达标地级及以上城市细颗粒物平均浓度 55.2 微克/立方米，同比下降 8.7%；地级及以上城市优良天数比例为 77.1%，同比增加 1.1 个百分点，大气环境质量总体向好。

西岭镇位于成都市大邑县西部，总面积 447 平方公里，拥有着大都市周边最近的一处原始林海，森林面积 64 万亩，全镇森林覆盖率达 95.4%，境内最高海拔 5364 米。西岭镇极高的森林覆盖率使得其在地处高海拔地区的同时，负氧离子含量最高却可以达到每立方厘米 6 万，拥有发展以森林康养、度假休闲为主产业的森林小镇的极佳条件。

2. 产业联合，促进镇内外衔接顺畅

四川省森林小镇根据不同地域特色亮点，依托区域生态资源优势，整合资源、深度开发，各森林小镇以自身特色产业为入手点，以核心产业带动周边附属产业的发展，提高自身核心竞争力，增强小镇内部各产业之间的联合发展、均衡发展。以敏锐的眼光去发现和探索核心产业与周边产业的内在联系，最大化发挥特色产业的带动作用。

各森林小镇为给自身注入可持续发展的活力，积极推进核心产业链的形成，以特色产业为出发点，拓宽产业发展的道路，增加产业的丰富度，摸索出属于小镇自身特色的产业链模式，不断地提高森林小镇的产业活力和产业魅力。同时针对森林小镇淡旺季较明显、产业发展过于单一集中等情况，四川省森林小镇以当地实际情况为基础，利用自身地理环境、自然资源等方面优势，在不同的季节开发出不同的特色项目，制定出属于自己的一套发展方案，以维持森林小镇在各个季节的长久持续运行。

九襄森林小镇位于雅安市汉源县，在 2012 年以前，土地开发利用受到其高跨度海拔的地理条件的限制，即使土地包产到户，也存在着许多荒土。而 2012 年之后，农林部门牵头向各户发放果林苗，再加上政府对土地开发方面的支持，逐渐形成了多个经果林产业基地。当地百姓则利用九襄高跨度的海拔条件以及与同纬度地区相比阳光更充足的气候条件，在不同海拔种植不同的经果作物，同时每年积极举办"梨花节"和各种水果采摘节，使得在一年四季中无论什么时间来到九襄，都可以品尝到新鲜的水果并且体验亲自采摘的乐趣。九襄森林小镇以"花海果乡"为自身发展的招牌，同时辅以交通方面产业环线的建设，使得九襄森林小镇的淡旺季现象不复存在，吸引了省内外更多的游客。

3. 精准扶贫，多方面助推乡村振兴

四川省农村人均可支配收入从 2015 年的 10247 元，以每年 9% 左右的速度增长至 2017 年的 12227 元，高于全国农村人均可支配收入增长的平均速度（7.3%），截至 2018 年上半年，四川省农村人均可支配收入为 6988 元，依旧保持着高于全国平均水平（6045 元）的速度稳定增长。

从 2015 年开始，四川省基于全区精准扶贫工作的实践需求，针对各贫困县产业发展单一、基础设施薄弱、贫困率高等实际情况，进一步通过培育乡村旅游这一支柱产业，带动周边群众脱贫奔小康。在目前已认定的 67 个省级森林小镇当中，共有 32 处位于贫困县当中，占总数的 47.76%。而森林小镇是特色小镇的一种特殊形式，是依托优质的森林资源，以绿色生态文化为基础的"产业、文化、社区"有机结合的功能性社区，是林区践行"把金山银山建在绿水青山，把绿水青山转变为金山银山"的新举措，是实现乡村振兴的重要途径。

表 2 2015～2017 年部分森林小镇建设地区农村人均可支配收入

单位：元

年份＼地区	利州区	剑阁县	青川县	青神县	洪雅县	泸定县	大邑县
2017	11172	10664	10583	16194	15813	11186	19743
2016	10132	9716	9589	14811	14501	10122	18162
2015	9236	8849	8725	13542	13321	8998	16511

4. 合理规划，提高可持续发展能力

四川省通过总结建设两批 67 个森林小镇的经验与体会，根据省内自身实际情况制定出了具有四川特色的一套森林小镇评定体系与机制。站在生态资源、产业发展、乡镇功能、生态文明、底蕴特色、组织管理和创新机制等方面以森林小镇为载体的层面，通过创新体制体系，四川省森林小镇评定及建设过程更加严格合理。体制体系的建

设，使森林小镇基础扎实、定位准确，为其后期建设提供了可持续发展的动力。四川省森林小镇建设以坚持保护为主、生态优先；坚持科学规划、因地制宜；坚持政府引导、多元化发展；坚持试点先行、循序渐进为原则，以"绿水青山就是金山银山"为指导思想，充分利用在地性资源，根据不同地区地域的森林类型、气候类型、土地类型、农产品类型、文化类型等自然条件与物产资源，重点创建了以"生态旅游业"为核心产业的生态旅游型、森林康养型、森林文化型和生态保护型四种定位的森林小镇。

二 四川省森林小镇建设的主要做法与经验

（一）以系统化思维营造发展氛围为指引

四川省森林小镇建设以整体系统化作为推进方式，以"森林城市群—森林城市—森林小镇"为发展引导，一步步地为森林小镇的建设打下坚实的基础。森林城市群作为总量适宜、格局优化和功能完备的以森林、湿地为主的生态系统的城市集群，主要目的是注重区域森林、湿地生态系统更好地在城市之间发挥作用，以及建设成果的共建共享，满足生态、文化等需求。其建设重点是在城市之间发挥森林、湿地对城市的隔离切割作用，以及恢复森林、湿地斑块之间的生态连接，重点范围是在城市与城市之间的接合部。此前，四川已经明确，要全力建设成都平原、川南、川东北、攀西四大森林城市群。

从 2004 年起，全国绿化委员会、国家林业局启动了"国家森林城市"评定程序，并制定了《"国家森林城市"评价指标》和《"国家森林城市"申报办法》。四川省以此为契机，大力发展绿化工程，提高城市绿化植被覆盖率。与此同时，与森林城市主题相当契合的森林小镇的建设应运而生。

四川省眉山市为深入贯彻落实中央、省委关于推进绿色发展、建设生态文明的战略部署，建设美丽眉山、厚植生态优势、提升城市品位、增进民生福祉，紧扣创建省级森林城市19项硬指标，坚持重点工程带动创建、坚持统筹城乡推进创建、坚持全民发动参与创建，确保到2018年成功创建四川省森林城市，2019年成功创建国家森林城市。眉山市创建国家森林城市后，其范围内的柳江森林小镇、南城森林小镇等都会受到森林城市的辐射作用，无论是基础设施建设、游客人数、政策支持等都将得到进一步提升，给森林小镇建设带来更大的便利与更多的机会。

专栏5-5

四川省眉山市创建国家森林小镇概况

眉山市围绕"森林生态、森林产业、生态文化、支撑保障"四大体系，加快实施"城市森林、村镇森林、通道森林、园区森林、森林康养、森林旅游、森林产业、森林提升、生态文化、森林保障"十大工程，共投入各类建设资金17.2亿元，栽植各类苗木500万株，新造林5.34万亩，强力推进国家森林城市建设，特色亮点频出。

在全省率先出台市级层面森林小镇、森林村庄、森林小区、森林人家示范创建标准和创建办法，各区县正抓紧制定县级标准并积极开展创建工作，推进了森林城市建设向基层延伸，强化了创建国家森林城市的支撑。全民绿化载体丰富。深入贯彻落实习近平总书记关于"创新义务植树尽责形式"重要指示精神，广泛搭建了义务植树、认建认养、"绿色基地"、"绿色阳台"、"绿色小区"、"绿色校园"、"绿色医院"、"绿色庭院"、"绿色企业"等全民绿化载体，为群众参与城乡绿化建设提供了丰富的平台，掀起了全民爱绿、建绿、护绿热潮。

产业生态齐头并进。全市认真践行"绿水青山就是金山银山"理念，通过合理保护开发，倾力打造了多个产业生态齐头并进的著名

品牌，洪雅县是"全国森林康养基地试点县"，"幸福古村"多次登上央视，"青神竹编"与丝绸、蜀绣并称"蜀中三宝"，"东坡泡菜""丹棱不知火""斑布健康纸"等绿色品牌驰名全国。

资料来源：调研组实地调查整理。

（二）以高点站位规划打造核心品牌为支柱

在四川省建设森林小镇的规划阶段，按照"林业景观化、景观生态化、生态效益化"的发展思路，始终坚持差异化、高端化规划，部分地区更是聘请国际化规划设计团队，编制高质量、高水平、高可行性的森林小镇发展规划，精细到每一条街道、每一座房屋、每一个建筑。建立科学构建规划体系，坚持把规划作为生态优势转化发展的重要指引，规划阶段坚持因地制宜，遵循自然规律，从实际出发，挖掘资源潜力。

在高质量规划的基础上，加速加快森林小镇的建设，明确自身的发展定位，更科学更合理地走好建设过程中的每一步。并且在森林小镇的后期建设阶段，由于早期规划带来的便利性被进一步放大，完善的基础配套设施、准确的森林小镇定位等，都使后期的建设有了明确的发展方向。

专栏 5-6

柳江镇省级森林小镇建设重点工作

森林面积 14.8 万亩，森林覆盖率 79%。柳江古镇景区于 2007 年开始连续打造，已发展成为四川休闲度假体验旅游目的地。2015 年创建国家级 4A 景区，先后荣获国家级生态镇、全国重点镇、全国特色小镇、全国特色景观旅游名镇、全国美丽宜居小镇、四川十大古镇等殊荣，其中玉屏山景区成功举办中国四川首届森林康养年会、荣获全国首批森林康养国际合作示范基地。2017 年累计接待游客 246.4 万人次，实现旅游总收入 19 亿元。

编制完善柳江镇发展规划，实出生态旅游特色。以保护历史真实载体，坚持合理利用，实现永续利用为原则，以保护柳江真历史文化遗产，继承和发扬优秀的历史文化传统，使柳江城镇建设既能继承历史发展脉络，又能符合现代生产生活要求为目的，完善柳江镇历史文化名镇保护规划，划定核心保护区和建设控制区，在保护历史文化和文物古迹的同时，加强对名贵、年久花木的保护，突出森林特色。加快总规和控规的编制和完善，突出对天然林木的保护，合理布局人工绿化地带，提高场镇、村庄绿化水平。

编制完善玉屏山森林康养旅游发展规划，突出养生养心，以保护优先、区域协调发展、容量控制、可操作性为原则。打造以玉屏山自然风光为主体，以森林与瀑布为特色，以旅游观光、休闲度假、体育运动等为主要功能的森林康养基地，实现生态康养区、生态观光区、旅游服务区协调发展。

编制完善生态文明建设规划，加快生态文明制度体系建设。推进生态红线保护划定，加强自然资源和野生动植物保护，完成周公河省级自然保护区水电站整治工作、强化大气污染防治，全域禁烧，空气质量优良天数保持 9% 以上，深化"河长制"工作，推进水生态文明 PPP 项目建设，整体提升全镇流域水质。

资料来源：调研组实地调查整理。

（三）以大跨度海拔生态优势为基础

享有"天府之国"美号的四川省地处中国西南地区，位于长江上游，北靠秦岭、巴山。四川省的地形呈现西高东低的趋势，西部地区大部分是高原、山地，海拔大部分在 4000 米及以上；东部地区大

致是盆地、丘陵，海拔多在1000～3000米。四川省从整体上大致可以划分为川西高原和四川盆地两大部分，且四川盆地又是我国四大盆地之一，面积约为16.5万平方公里。这种特定的地理状况造成了四川省境内的年平均气温和降水量在纵向和横向的空间分布上有着一定的差异性，也正是这种差异性形成了四川省内不同地域独特的自然地理风光与物产资源。

由于在同一地区海拔高度依旧存在明显分层和差异的实际情况，而许多经济作物生长的最佳环境也同样存在差异，在调研过程中，调研组实地发现了许多地区根据经济作物的不同生长习性以及当地不同区域、不同海拔、不同雨水条件的差异，选择在不同的区域种植不同的果树、药材等，以借此提高经济效益。同时在这一过程中，也发掘出了更多的潜藏价值。例如汉源县九襄森林小镇利用其山区海拔差距，以及梨、苹果、桃等水果的生长习性，在不同海拔种植不同的水果，形成了一年四季都可以收获新鲜水果的区域特色，同时以"赏花节"为契机，打造了当地"花海果乡"的特色形象，吸引了大批前来赏花品果的游客。

专栏5-7

九襄森林小镇建设情况

汉源县位于雅安市西南，四川盆地与川西高原之间的过渡地带，全县辖区面积2382平方公里，辖30个乡镇191个村19个社区，总人口32万，其中贫困村63个，贫困人口8305人。

主要做法：大力发展经果林。按照"山顶栽树戴帽子，山腰栽树找票子，山下种粮饱肚子"的理念，致力于发展金花梨、桃、红富士、大樱桃、伏季小家果、花椒核桃等经果林产业基地。在九襄镇累计投入财政资金近1000万元，从种苗、抚育管护等方面进行扶持，建成经果林产业基地3万亩，实现应种尽种，连片发展。同时，把新村建在果林间，让群众依托产业发展采摘园、农家乐、民宿接待等旅游业态，实现村村有产业、家家有果园、户户住新房、人人有笑脸，建成产业环线。坚持"一乡一业""一村一品"，因地制宜发展3万亩经果林产业基地的同时，通过提升主干道、打通断头路、形成循环路，把分布在不同区域、不同海拔，但又相对集中连片的金花梨、甜樱桃、伏季小水果、白凤桃、花椒、核桃等特色产业基地贯通起来，有效改变了特色产业零散分布的状态，放大了农产品的规模效益，在九襄镇累计投入资金5000万元，建成梨花大道和"九一双"产业环线。加快推进绿化模范创建。以绿化模范单位、绿化示范村和绿美新村为抓手，成功把汉源县第一中学创建为"四川省绿化模范单位"，大木村创建为"四川省绿化示范村"，三强村、红光村创建为市级绿化模范村，大木村、三强村、红光村推荐申报市级绿美新村。

资料来源：调研组实地调查整理。

（四）以深挖自然人文产业独有性为抓手

四川作为巴蜀文化的传承地，在拥有丰富多样的自然资源的同时，也传承了深厚的蜀地底蕴文化。以当地自然资源和巴蜀文化为抓手，四川省重点挖掘了一系列独有亮点的特色产业，借此作为各个森林小镇的品牌特色以及核心吸引力。

泸定县磨西镇拥有着亚洲海拔最低的自然冰川——海螺沟冰川，令人惊奇的是，海螺沟同时也拥有矿物质含量丰富的自然温泉。海螺沟森林小镇充分利用"亚洲海拔最低冰川"作为自身宣传招牌，吸引了大批的游客前来观赏，同时挖掘开拓温泉资源，积极打造"冰川——温泉"森林小镇的特色形象，成功地给广大游客留下深刻的记忆印象。

伟大的唐朝诗人杜甫曾在成都市大邑县境内的西岭雪山留下了"窗含西岭千秋雪"的佳句，"诗仙"李白也在领略过剑门关的雄壮

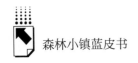

后留下"剑阁峥嵘而崔嵬"的诗句，四川境内蕴藏着丰富的人文资源，剑门关森林小镇、西岭森林小镇等充分发挥其当地人文特色，与雄奇的自然景观相结合，发挥出了不一样的效果，在发挥人文教育作用的同时又吸引了广大游客。

除了自然、人文的独有特色外，四川省还拥有极具发展潜力的特色产业，如药材种植业、竹产业等。四川的地理条件多为森林高山，自古以来盛产灵芝、天麻等昂贵药材，同时人们也对四川的药材有着相当的品牌信任。竹产业可能并非四川省独有，但四川省南城森林小镇以竹产业为核心，通过竹博会、竹博馆、竹编等附属产业的协作发展，已形成一条独有产业链，对于全国的森林小镇而言，其具有一定借鉴意义。

（五）以激发多方协作合力发展为路径

森林小镇的建设和运营依靠的不只是一方面的努力，无论是当地政府或者个人企业，都无法单方面成功地运营起一个森林小镇。四川省的森林小镇在初步建设完成后，地方政府以及省政府都从政策、资金等各方面给予了极大的支持，此外，四川省森林小镇建设还引进了市场的力量。

以九襄森林小镇为例，为吸引市场、企业的加入，当地政府通过将废旧公共地产（如废旧校址、村委会旧址等）以长期合约的形式，用较低的价位租给私人企业家以发展民宿，形成了盘活废旧公共资产的模式，促成了政企合作的新形式。

近年来，除政府和企业的力量之外，第三股力量——"社会参与"的影响力越来越大。社会中的各种协会则是社会参与的最重要的一种体现。在四川，四川省生态旅游协会牵头的一系列相关协会对森林小镇的后期建设以及未来发展也十分重视，协会内的专家顾问针对发展过程中的各种问题进行调研并提出解决方案和建议。政府通过自身牵头，使政府、企业、社会三者可以得到充分交流。所以四川省森林小镇发展迅速的一个重要原因便是形成了政府、企业、社会三方面共同协作的局面。

专栏 5 – 8

九襄镇凉山小学旧址（现后山朴院·梨花溪民宿）改建情况

九襄镇位于雅安市汉源县，平均海拔 1400 米，由于其地理位置的原因，拥有四季分明的气候和充足的光照。后山朴院·梨花溪是成都光华立达旅游资源开发有限公司打造的品质民宿酒店，民宿是在已废弃并停止使用的原九襄镇凉山小学和原村委会房屋（集体资产）的基础上进行改造的，在不破坏原有建筑结构及建筑风貌的基础之上，将文化及民宿设施设备等元素植入建筑之中，目前处于试住阶段，同时后期欲打造"九双环线"（九襄镇到双溪乡）民宿联盟。

后山朴院·梨花溪民宿前期投入约 805 万元（含镇政府 100 万元补贴）的资金，其中房屋装修投入 200 万元、果园（包含泡池、步道等）投入 300 万元、停车场等基础设施投入 100 万元、其余设施投入 205 万元，同时乡政府补贴 100 万元。此外，在该公司与镇政府签订的租约中明确了，凉山小学校旧址的租金为 5000 元/年（2017年），村委会旧房屋的租金为 30000 元/年（2018 年），租赁时间均为 20 年。

九襄镇镇政府通过将闲置的废旧资产租给个人或企业，并且以补贴的方式鼓励个人或企业对镇中的废旧资产进行挖掘、开发，借此盘活闲置的集体资产，开拓了地方政府与资源开发型企业合作的新方向。

资料来源：调研组实地调查整理。

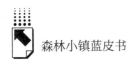

（六）以优化大交通接驳节点为支撑

四川省西临青藏高原，北面与青、甘、陕三省为界，东部与鄂、湘相邻，南面又与云贵高原相接，地理位置极佳，但由于多为丘陵、盆地地区，川西交通的发展受到一定限制。

为克服交通带来的发展限制，省内加大路网系统的铺设，在2013～2017年五年间，全省公路、水路建设投资连续五年超过1200亿元，连续迈上1300亿元和1400亿元两个台阶，总额达到6693亿元，位居全国第一。截至2017年底，高速公路实现21个市州全通达，全省高速公路通车总里程达6820公里，居全国第二，建成和在建总里程9785公里；农村公路总里程达28.6万公里，居全国第一；全省高速直达班线2326条，居中西部第一。

2018年底，共有雅康高速等8条高速公路完成竣工通车。目前雅康高速已于2017年12月31日通车，对于雅安市乃至整个西部的道路交通路网结构完善都有着重要意义。同时也为川西森林小镇的推广起到了至关重要的作用，为其后期发展奠定了坚实的交通基础。

三　四川省森林小镇建设面临的现实挑战

总的来看，四川省森林小镇建设潜力巨大，但是同时也面临着巨大的挑战，而在新时代如何解决这些问题成为当务之急。

（一）区域发展不平衡矛盾突出，跨区域协作亟待加强

由于四川省内各地区经济发展水平存在一定差异，并且目前67个省级森林小镇项目有近一半都处在贫困县，一方面，给贫困县带来了许多机会，加快了脱贫攻坚的步伐；另一方面，由于地区间差异造成的贫富差距使森林小镇发展程度不一，并且发展起点也同样受到地

区的影响，部分地区森林小镇起步晚、起点低。

森林小镇发展水平参差不齐易导致森林小镇发展水平两极化程度加深，起步晚、起点低的森林小镇相比于完善度较高的森林小镇，在资源的获取上、市县政府相关政策的支持上都处于劣势。四川的磨西森林小镇与杵坭森林小镇相距不远，但两者的发展水平和客流量却相差甚远。以游客资源为例，游客肯定是更倾向于基础配套设施完善、发展程度高的森林小镇，选择发展水平一般的森林小镇的游客也不在少数，但是由于发展水平较低的森林小镇往往处于起步阶段，愿意前往的游客较少，而其正是处在需要曝光、需要资金的阶段，如此一来，森林小镇发展水平的两极化更加明显。

（二）产业发展过于单一，尚未形成完善的产业链

产业作为森林小镇的核心点，无论对森林小镇的前期定位还是后期发展都起着至关重要的参考作用。四川省的部分森林小镇由于过于依靠单个产业，且在前期发展阶段并没有意识到产业单一化带来的问题，故没有重视产业链的建设与衔接，在中期发展阶段缺乏发展动力和目标，使得森林小镇发展速度放缓甚至停滞。

产业发展过于单一带来的问题不光是中后期发展动力不足，还会使游客对该森林小镇产生审美疲劳，认为该处森林小镇并没有什么太多值得留恋的价值，那么该森林小镇便出现了"留不住人"的情况，这对于当地的民宿发展起到了致命的阻碍作用。若此森林小镇是以单一季节性果类为特色产业的话，还会形成明显的淡旺季现象，如泸定县杵泥森林小镇，当地以上半年的红樱桃为特色产业，即便当地的红樱桃质量上乘，也无法改变下半年该森林小镇客流量急速下降的情况。

（三）文化底蕴深度挖掘不够，特色化名片知名度偏弱

文化底蕴是森林小镇的"灵魂"，是其独特性的体现。森林小镇

的建设要有特色鲜明的产业形态、彰显特色的传统文化、特殊的地理环境、充满活力的体制机制、便捷完善的设施服务，是有明确产业定位、文化内涵、旅游特色和一定社区功能的发展空间平台。

四川省森林小镇在自身特色发掘方面投入大量精力，立足于当地底蕴和特色资源，建设了特色突出的各个森林小镇。但部分森林小镇对自身底蕴的挖掘仍停留在表面层次，在建设过程中仅仅从改变建筑风格、建立文化博物馆等表面入手，当然这也是挖掘自身特色的一种方式，但是如果仅仅以建设旅游接待聚居地为目标，把森林小镇当作地方的一个小景区，这就缩小了当地森林小镇的整体格局。只对自身特色进行表面挖掘，会使森林小镇的整体形象过于生硬、死板，游客到来之后也只是走马观花一般，很难留下深刻的印象。

森林小镇建设过程中的同质化情况确实存在，并且无法避免，需深挖自然人文产业的独有性，使森林小镇"活起来"，增强森林小镇的亲切感，提高游客对森林小镇的认同度，以底蕴特色为自己的核心招牌，区别于其他不同类型的森林小镇，增强自身的核心竞争力。

（四）市场化力量参与尚处于起步阶段，要素集聚吸引力不足

调研过程中了解到的政府通过出租废弃公共地产以盘活废旧资产的做法，在四川省仍未得到广泛推广，仅有少数地区采取了这种政企合作新模式。大部分森林小镇的反馈依旧是希望得到政府进一步的资金资助而没有吸引到市场力量的投入，如企业或个人企业家。

四川省相比于东部沿海地区，对于各种企业的吸引力仍然较弱，在森林小镇建设的市场介入方面，也存在这种差距。企业家在考虑当地经济实力、发展潜力后倾向于投入更具实力的地区，而四川省森林小镇总的来看在部分方面，如基础设施完善与否、道路交通是否便利等尚未达到市场上企业、企业家的要求，故对于他们的吸引力不足，

无法拉拢更多的市场力量介入森林小镇的发展。同样，四川省对于人才的吸引力也并不够突出或存在明显优势。

（五）路网交通关键节点有待于进一步打通，不同交通方式整合力度须提高

四川省由于其独特的地理条件，地势崎岖、川西地区多为山路，而道路交通作为地域间移动的关键，在森林小镇的建设过程中至关重要。近几年，四川省投入大量资金和精力，建设通车了一系列高速公路和快速通道，的确在吸引人们走进森林小镇方面起到了显著的成效。但实际情况下，仍有部分森林小镇的道路交通急需跟进，建设起完善、安全的路网系统迫在眉睫。游客在选择森林小镇时，往往更倾向于可以用更少的时间安全到达的地区，而交通通达性较弱的地区则在竞争力上相当不占优势，不利于解决森林小镇发展的两极化情况。

此外，四川的民用机场以及航班线路和数量与目前森林小镇的客流量需求并不匹配。以杭州萧山机场到广元机场为例，每隔一天才有一次航班，光这样看来，就给杭州乃至浙江的游客前往四川广元及周边带来了很大的阻碍。另外，不同交通方式的完美衔接以带来的便利效果并没有得到体现，许多游客从机场到达森林小镇仍需要转好几次车，这给非自驾游游客带来了一定的麻烦。

四　四川省森林小镇建设的对策建议

（一）高点站位，构建全领域多层次协作发展体系

为消除森林小镇发展两极化、构建区域协调合作化发展体系，省政府应当积极牵头，联系沟通各市就其区域内森林小镇发展交流经验并加强相邻市、县的森林小镇的区域性合作。在不同的发展区域、同

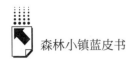

一发展区域内的不同森林小镇间构建多层次的协作发展体系，提供交流合作的平台，使不同森林小镇取长补短，共同发展。

森林小镇间的合作是多层次的，可以从交通衔接、产业链合作生产等各方面入手，以发展速度较快的森林小镇带动周边发展滞后的森林小镇，形成区域的整体化发展，最终形成整个四川省森林小镇的整体推进。例如距离较近的磨西森林小镇与杵泥森林小镇，可以从民宿转移发展的角度切入，将磨西森林小镇无法负担的超额客流量引导至杵泥森林小镇，一方面可以带动杵泥当地特色民宿、樱桃产业的协同化发展，另一方面使得磨西森林小镇的客流量负荷减轻，便于其进行改造升级，为游客提供更好更优质的服务。

（二）产业融合，形成不同产业间的联合与接轨

针对部分森林小镇产业过于单一的情况，建议增强各产业间的联系，促成产业融合发展，增强产业的多元化发展、可持续发展和提高森林小镇的核心吸引力。以产业融合发展形成不同产业间的衔接，消除森林小镇"淡旺季"过于明显的现象，形成一条成熟的、合理的、融合各产业的先进产业链。

产业融合应以三产融合为主要目标，结合实际调整产业结构促转型升级，变单一产业为复合产业，变单一效益为多重效益。与森林小镇最贴切的产业便是农业，则森林小镇应以农业为核心进行产业间的融合发展，一个比较适合的方法便是日本东京大学名誉教授、农业专家今村奈良臣提出的"第六产业"，即通过鼓励农户转向多种经营来延长产业链条。在种植农作物发展第一产业的同时，从事相关农产品加工，并且参与销售农产品及其加工产品，以获得更多的增值价值，完成农业"接二连三"发展。在这种模式下，森林小镇产业发展可以实现衔接顺畅、协同融合的局面，消除或减轻单一产业带来的限制。

（三）深挖底蕴，提升知名度、美誉度和影响力

底蕴特色是森林小镇作为一种特色小镇的核心竞争力与发展之本，是影响森林小镇客流量的一个重要因素。四川省森林小镇应打破目前各自为营的局面，在交流合作中形成整体性品牌。在深度挖掘不同地域的底蕴特色的基础上，在整个四川的森林小镇内部形成一条"森林小镇链"，以底蕴作为线索将其串联，在四川省森林小镇这一大品牌下，形成若干个地方子品牌、地域小品牌。

在整体性打造品牌的大环境下，所有"森林小镇链"上的小镇都可从知名度、客流引导、赞誉度等方面收获不同程度的益处。形成整体性品牌后，人们便有了更多的方式来了解四川省森林小镇包含的各种小镇，这些森林小镇也有了更高的平台来进行宣传和提高影响力。

（四）市场主导，夯实可持续发展支撑动力

四川省目前森林小镇的发展建设依旧以政府为主导，政府资助为主要融资方式，而未来的森林小镇建设主力军必然会由市场的力量占主导。政府在森林小镇建设上应逐渐退居幕后，政府更多地应该通过出台优惠政策、加强小镇当地的基础设施完成度、完善道路交通系统等方式，提高当地森林小镇对市场力量的吸引力，以此吸引市场上更多的企业选择四川进行投资发展，当四川省森林小镇基础条件足够优质时，无论是市场力量还是相关专业人才，都将会源源不断地流入四川。

而政府层面目前应该做的是尽快完善上述提到的基础条件，放宽相关土地林地的权限政策，增强自身在市场上的竞争力，为森林小镇日后的可持续发展奠定基础。企业应抓住森林小镇发展的契机，提前做好相关市场调研预测，积极参与进森林小镇的建设。与林业相关的

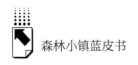

国有企业更多地应将发展目光放在国有林场的保护与开发上，在"生态文明"的理念下寻找出一条发展与保护并存的道路。

（五）整合资源，优化水、陆、空一体化交通网

通过梳理道路交通、航空交通、水运交通相关资源，以便于人们更方便、更快捷地在森林小镇间进行移动或者从外省到达森林小镇为目标，整合优化水陆空三种交通方式的连接以形成衔接作用，打造水、陆、空一体化交通网络。

四川省整体道路交通系统保持着不错的发展速度，但由于部分森林小镇地处高山、山丘地区，交通便利程度依旧是一个严峻的现实问题，故需加强路网系统完善的普及性，以连接航运、水运。通过加快建设民用机场、开通更多直达航班等方式优化航运服务；在持续发展水路货运的同时，增强水路客运所占比重，使得交通方式更加多元化。最终形成水、陆、空一体化发展的格局，完成三者之间的合理衔接，以减少地理条件带来的交通不便。

结　语

四川森林小镇建设高点站位，以生态文明为指引，文旅特色鲜明，以系统化思维来营造森林小镇发展环境，以大跨度海拔生态优势为基础，以深挖自然人文产业独有性为抓手，以激发多方协作凝聚发展合力为路径，以优化发展大交通为支撑，以市场化盘活废旧公共资产为方式，形成了亲自然、重体验、享生活的四川森林小镇的发展特色与亮点。四川森林小镇建设有思路有做法有成效，拥有着巨大的发展潜力，但同时也存在人才缺乏、发展不平衡等问题，仍面临着重大的挑战，如何在迎难而上的同时深度挖掘自身潜力是四川省森林小镇下一步要解决的首要问题。

B.6

系统化思维引导的森林小镇建设*

——四川省眉山市森林小镇建设调查

摘　要：　作为四川省的绿海明珠，眉山市高点站位，大力开展森林小镇建设。本文通过对青神县南城镇、洪雅县柳江镇的深入调研发现：眉山市森林小镇以系统化思维为指引，深挖小镇的独特优势，切实做到全民参与建设森林小镇，取得了明显的建设成效和初步的建设经验。下一步，应在如何吸引人才、留住人才、发展人才，如何扩大影响力，如何实现第一、第二、第三产业的更紧密联动，如何消除观光产业短期效应，如何解决建设用地不足等方面积极探索，构建长效机制。为此，调研组建议：继续加强小镇特色建设，出台相关落户政策，增强小镇归属感；努力开展省级、全国性或世界级相关活动，加大小镇宣传力度；推进三次产业联动，形成第一产业"接二连三"、第二产业"推一带三"、第三产业"辅一联二"的发展格局；发展相关产业，加大人口流动，延长游客观光时间；创新机制体制，推动土地产权改革。

关键词：　森林小镇　眉山市　特色建设

---

* 调研组：庞波，发展中国论坛秘书长、课题学术会委员会委员，博士；倪建伟，调研组组长、发展中国论坛学术委员会委员，浙江财经大学教授、博士生导师；宋彩虹，中国市场经济研究会学术委员会副主任；李梅，四川农业大学教授、博士生导师；李霞，四川省林业和草原局旅游中心办公室主任；赵霖轩，浙江财经大学研究助理；张浩宇，浙江财经大学研究助理。本报告执笔：张浩宇。

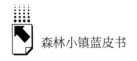

2018年2月11日，习近平总书记在四川视察时提出，四川是"天府之国"，要加快推进乡村产业振兴、推动乡村生活富裕，把四川农业大省这块金字招牌擦亮。总书记强调，坚持"一尊重五统筹"城市工作总要求，打好脱贫攻坚战，抓好生态文明建设，加强乡风文明建设，扎实推进"四好村"创建，确保城乡社会和谐稳定、长治久安。2018年9月21日，习近平总书记在主持第八次学习乡村振兴战略时强调"乡村振兴战略是党的十九大提出的一项重大战略，是关系全面建设社会主义现代化国家的全局性、历史性任务，是新时代'三农'工作总抓手"。

在此背景下，以挖掘森林资源为特色的森林小镇建设越来越受到关注，部分地区正式启动森林小镇建设总体方案并取得一定成效，但同时也存在着不少急需解决的问题。四川省作为国内森林资源丰富的森林大省，在森林小镇建设方面进行了相关探索。为研究四川省眉山市森林小镇建设历程、主要经验、面临困难与挑战等，2018年8月10日至11日，由发展中国论坛组建的"全国森林小镇评价体系与发展指数研究"联合调研组赴四川省首批森林特色小镇眉山市青神县南城森林小镇、洪雅县柳江森林小镇两个森林特色小镇开展专题调研。

在眉山市林业局、南城镇镇政府、柳江镇镇政府及有关部门的支持下，调研组采用实地考察、召开座谈会等方式，重点关注了样本所在地森林小镇建设的总体历程、推进措施、主要做法、实施效果、基本经验、现实困境，调研内容涉及自建设森林小镇以来至今，资金投入渠道、数量、使用情况，促进区域经济社会发展和居民收入增长的基本情况以及在森林小镇建设中出现的新情况、新问题和解决问题的做法，尚未解决的困难及政策诉求等。

表 1　眉山市"森林小镇"调研样本

时间	调研地点	森林小镇类型
2018 年 8 月 10 日	青神县南城镇	生态旅游型
2018 年 8 月 11 日	洪雅县柳江镇	森林康养型

一　眉山市森林小镇建设的基本历程

第一阶段：生态环境保护与建设阶段（2014 年 8 月至 2017 年 6 月）

2014 年 8 月 19 日，眉山市人民政府办公室发布了《关于印发眉山市"绿海明珠"建设标准的通知》，明确要求各区、县人民政府，市级各部门单位严格按照要求，建设绿带工程、绿肺工程、集镇拥翠工程、百村绿色家园工程、园区绿化五大工程，对中心城区、五大县区岷江水上绿色走廊等区域进行"绿海明珠"建设，大大提高了眉山市的森林覆盖面积，建设建成苏洵公园、苏辙公园等 10 个园林公园，为森林小镇的建设打下了坚实的基础。

表 2　眉山市绿海明珠建设要点

四大工程	沿路、沿江"绿带工程"，中心城区和五县城"绿肺工程"，集镇"拥翠工程"，百村"绿色家园工程"
六大行动	"全民绿化""城市增绿""通道添彩""集镇拥翠""乡村美化""园区绿化"
成效	建成"绿色基地"1972.39 亩；义务植树 324.2 万株，参与绿化建设 153 万人次；建成中心城区"东坡竹园"等 14 个城市"绿肺"项目，新增城市公共绿地 10500 余亩；巩固提升 148.15 公里多色谱林业景观带和 24 个园林景观节点，新打造 S106 线一串红景观带 10.7 公里，新增多色谱道路绿化 14.3 公里，完成岷江水上绿色走廊 13.48 公里，完成库区环湖绿化景观 81 公顷；完成 12 个乡镇集镇"拥翠"工程和 19 个村"绿色家园"工程；工业园区新增绿化面积 819 亩，新增道路绿化 27.2 公里

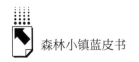

第二阶段：森林小镇建设正式开始（2017 年 6 月至 2017 年 11 月）

2017 年 6 月 16 日，四川省绿化委员会和四川省林业厅联合发布《四川省森林小镇建设工作方案》，强调为贯彻落实省委省政府关于大规模绿化全川的决策部署，落实省政府《大规模绿化全川行动方案》和《四川省人民政府办公厅关于加快推进森林城市建设意见》，决定开展森林小镇建设工作。

2017 年 10 月 19 日，四川省绿化委员会、四川省林业厅当日正式对外发布四川首批省级森林小镇名单，四川共计 32 个小镇入围。其中，眉山市洪雅县瓦屋山镇、青神县南城镇入围。

自 2017 年起，眉山市采取"一二三四五六"举措，大力建设特色鲜明的"森林小镇"，让森林小镇、森林城市的建设向基层发展，强化创建工作的"细胞"支撑，将眉山市森林小镇的建设落到实处，也标志着眉山市森林小镇建设正式开始。

专栏 6 - 1

眉山市森林资源概况

眉山素有"天府大花园"之称，是国家园林城市和省级环境保护模范城市、环境优美示范城市。眉山有林业用地 200712.1 公顷，其中国有林地 64529.5 公顷，集体和个人林业 136182.6 公顷。另有四旁树占地 33473.9 公顷，活立木总蓄积为 1369.5 万立方米，全市有用材林 78293.9 公顷，蓄积 711.9 万立方米，防护林 3428.2 公顷，蓄积 465.9 万立方米，截至 2017 年底，眉山市森林覆盖率已达到 49.07%，城乡绿化覆盖率达到 54.62%。

资料来源：调研组调查整理。

第三阶段：以系统化思维建设森林小镇（2017 年 11 月至今）

2017 年 11 月 14 日，中共眉山市委、眉山市人民政府发布《关于创建国家森林城市的决定》，深入贯彻落实中央和省委省政府关于推进绿色发展、建设生态文明的部署战略，坚决遵守四大基本原则建设森林城市，加快建设繁荣富裕美好眉山，全面提升广大市民的绿色获得感，为森林小镇的建设提供了体制上的有力支持。

2018年5月16日，眉山市绿化委员会发布了《关于印发〈眉山市"森林小镇、森林村庄、森林小区、森林人家"创建评选活动实施办法（试行）〉的通知》，坚持森林城市建设向城镇和乡村延伸，融合森林、绿地、湿地资源，统筹城乡生态建设，保护自然生态风貌，促进均等化生态服务，发展绿色生态产业，弘扬乡土生态文化，打造宜居生态环境，满足人民群众生态需求，实现村镇生态优美、产业兴旺、乡风文明、特色鲜明。由此，森林城市、森林小镇、森林村庄、森林小区、森林人家的总体框架已明确，标志着眉山市森林小镇建设正式进入系统化建设时期。

专栏 6 – 2

眉山市创建国家森林城市的基本原则

坚持规划引领，统筹城乡绿化。树立"一张蓝图绘彻底、一张蓝图干到底"的系统思维，不断强化国际化发展理念，全域推进森林城市建设，真正做到统一部署、统筹推进，实现规划一体化、投资一体化、管理一体化。

坚持多效并重，普惠民生福祉。同步推进生态环境、生态产业和生态文化建设，充分发挥森林生态、经济、社会、景观等多种效益，提高森林供给服务水平和绿色惠民能力，进一步释放绿色发展红利，促进"绿水青山"变成"金山银山"。

坚持宣传引导，繁荣生态文化。充分挖掘森林、湿地等自然资源的生态文化内涵，大力强化宣传引导，凸显森林城市生态文化传播功能，提高广大群众生态文明意识，促进具有地域特色生态文化的大发展大繁荣。

坚持政府主导，全民共建共享。充分发挥政府主导作用，加强区

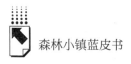

县与市级部门的协调与合作，让各项森林城市建设工程落地见效。充分运用市场机制，着力加强舆论引导，推动形成森林城市全民共建共享的社会风尚。

资料来源：调研组实地调查整理。

（一）青神县南城森林小镇建设

2018年2月习近平总书记在四川视察指导时提出，要把发展现代农业作为实施乡村振兴战略的重中之重，把生活富裕作为实施乡村振兴战略的中心任务，扎扎实实把乡村振兴战略实施好，并强调："四川是产竹大省，要因地制宜发展竹产业……让竹林成为四川美丽乡村的一道风景线！"

青神拥有深厚的文化底蕴与坚实的竹产业基础，面对新的历史发展机遇，必须加快推进青神竹产业发展，建立高品质的竹产业文创聚集区，形成独具特色的品牌形象。因此，眉山市青神县开始了南城竹艺森林小镇的建设。

1. 建设背景

（1）靠近客源市场，却缺乏旅游人气

青神县旅游基础环境较好，靠近成都主城区市场，但旅游人次与旅游收入仅占眉山市总量的8%左右，在眉山市2区、4县中排名最后，其旅游发展受到诸多因素限制，知名度较低，缺乏旅游人气。

表3 青神县与眉山市旅游人次、旅游收入对比

	2014年	2015年	2016年
眉山市旅游人次（万人）	2386	3022.21	3746
青神县旅游人次（万人）	211	257.4	334
占比（%）	8.8	8.5	8.9
眉山市旅游收入（亿元）	180.7	230.38	295

续表

	2014 年	2015 年	2016 年
青神县旅游收入（亿元）	15	18.45	24.13
占比（%）	8.3	8.0	8.2
青神人均旅游消费（元）	710	716	722

（2）环境条件优异，竹艺特色鲜明

南城镇位于龙泉山脉尾部，地处青神县城郊处，以平原和浅丘为主，辖区面积 19.2 平方公里，辖 6 个行政村，2 个社区，51 个村（居）民小组，总人口 18326 人，耕地面积 716.7 公顷，森林面积 300 公顷，森林覆盖率为 40%。享有"中国竹编艺术之乡"的称号，竹编产品堪称一绝，独具特色的竹工艺品驰名中外。近年来还先后荣获"省级环境优美乡镇""国家级生态乡镇"等荣誉称号。中国首家竹林湿地公园——四川青神竹林省级湿地公园、AAAA 级旅游景区江湾神木园、AAA 级旅游景区——国际竹艺城和青神县唯一的一所大学——成都艺术职业学院青神校区就坐落在镇域内。

（3）旅游氛围未形成，呈现出散、乱、空的问题

青神县现有旅游吸引物较为分散，景区内部道路纷繁复杂，景点间未形成畅达的游览路线；镇区内风貌凌乱无序，分区功能布局不明，吃住行游购娱康体疗等旅游要素没有承载空间，管理机构交叉混乱；缺少文化氛围、汇客装置、服务设施、高端制造。包括以本地消费为主，没有应对团队游客及节假日期间大量游客涌入的服务接待设施；现有竹编产品仍停留在传统样式，未与市场接轨进行包装设计等。

2. 主要做法

（1）明确小镇的发展定位

以"国际竹文化艺术小镇"为主要建设目标，以"天府竹乡，世界竹城"为口号，以"城南半岛，水竹特色，竹骨风韵，艺达天

下"为特质，建设青神县南城森林小镇。

在国家层面，努力创办国家级特色小镇和国家森林小镇；在四川省层面，做到省级旅游度假区和四川省文化创意产业示范区。

（2）确立发展的支撑要素

结合眉山市青神县的当地特色，以资源、文化、产业为基础，确立发展的支撑要素。

在资源基础上，要注重山、水、竹、田等的多元素融合。

在文化基础上，青神县以崇祀蚕丛氏"青衣而教民农桑，民皆神之"得名，是第一代蜀王蚕丛故里，被誉为"南方丝绸之路""岷江古航道小峨眉""苏轼第二故乡""中国椪柑之乡""中国竹编艺术之乡"。悠久的历史与厚重的人文底蕴造就了青神县多元的文化氛围。

在产业特色上，竹编产业基底厚重，艺术文化底蕴悠久。

（3）构建小镇的产品体系

为构建青神县南城森林小镇全面的产品体系，小镇主要做了以下五个方面：第一，产品覆盖吃、住、行、游、购、娱、商、养、学、农、体、文各环节；第二，产品项目设置既要满足市场需求，又要能够落地生根；第三，产品项目合理布局，产品业态丰富多样；第四，重点项目引爆，带动区域人气聚集；第五，核心区项目策划，以建筑彰显文化特色，以旅游引领产业发展，其中包括竹艺、竹品、竹乐等项目。

3. 初步成效

经过长达4年的整改与建设，生态环境优良、基础设施健全、生态服务功能强的小镇建设初见成效。至2018年5月，全镇绿化覆盖率为40%，绿化率为98%，主要街道、单位庭院和居住区绿化覆盖率分别为38%、37%、38%，主要街道、单位庭院和居住区绿化率分别为98%、98%、98%，公路、河流、水库绿化率分别为96%、96%、96%，乡土树种造林率为76%，森林资源管护率为100%，古树名木挂牌保护率为100%，建森林教育场2个，举行森林自然教育活动次数2次。

（二）洪雅县柳江森林小镇建设

烟雨柳江，美丽古镇。柳江镇坝、丘、山兼具，山、水、林皆有，森林面积14.8万亩，森林覆盖率79%。柳江古镇景区于2007年开始连续打造，已发展成为四川休闲度假体验旅游目的地。2015年创建国家级AAAA景区，先后荣获"国家级生态镇""全国重点镇""全国特色小镇""全国特色景观旅游名镇""全国美丽宜居小镇""四川十大古镇"等称号，其中玉屏山景区成功举办中国四川首届森林康养年会、荣获全国首批森林康养国际合作示范基地。2017年累计接待游客246.4万人次，实现旅游总收入19亿元。作为旅游大镇，柳江认真贯彻省、市、县部署，大力推进绿色发展，加快建设宜居宜游宜养森林小镇。

1. 科学规划，精心实施

为努力提高全镇森林生态建设水平，形成以城镇森林为中心，以主要交通干线通道绿化、溪流沿岸绿化为框架，以村庄森林、城镇公园、单位（居住区）绿化为支点，以平原农区林带林网为网络，构建"山环水绕、清雅田园、绿廊穿梭、绿树成荫"的城镇森林生态体系，全镇上下动员、全民参与共同开展建绿活动，推进"创森"工作。在城乡绿化建设中，按照"因地制宜，先易后难，突出重点，整体推进"的原则，坚持增绿添花、乡土树种、珍贵树种，不断加快城镇绿化步伐，营造森林宜居环境。

加快镇区森林绿地建设，全面提升城镇整体形象。推进村庄绿色家园工程，大力改善城镇人居环境。加快绿化生态廊道建设，全力打造生态通道格局。加快山地绿屏建设，努力实现山林生态修复。

2. "三产"融合，品质发展

建设信息平台，加快融合发展。加快推进农业与旅游、文化、科技、康养等融合发展，催生更多的新产业新业态。大力发展森林绿色产品、生态农产品初加工和精深加工，打造一批生态示范产业和生态

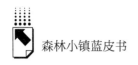

特色品牌。大力发展农村电子商务，在全镇 9 个村级活动场所建设"益农社"电子商务平台，在全镇 7 个森林人家、乡村酒店建设"绿淘"电子商务平台，开展电子商务培训，通过市场进一步实现"三产"融合发展。

引领乡村发展，打赢脱贫攻坚战。以柳江古镇景区为基底，大力发展乡村旅游、民宿经济，打造森林人家、乡村酒店，发展茶叶、根雕根艺、竹编竹艺等产业，持续推进脱贫攻坚，帮助群众脱贫致富。依托土地双挂钩、旅游快速通道等项目，建设双溪、杨村、洪江、中山、田沟、柳槽等居民聚居点，提升人居环境。

3. 严格管理，依法治林

为严格管理森林资源，有效保护多年积累的"创森"成果，柳江镇不断完善森林资源管护机制、绿化成果养护机制等多项护林制度，从绿化管理、森林病虫害防治、森林火灾预防扑救、林木采伐管理、木材运输管理、打击破坏森林资源和野生动植物资源等多方面入手保障森林生态安全。

柳江镇在林业局的指导下，与村、社区、学校、寺庙等单位签订森林防火责任书 28 份，创建森林防火"2.3.4 工程"示范村 2 个，成立专业扑火队 1 支，共计 38 人。各村都有备用扑火队员，全部配备护林防火工具，做到了 57 年无较大森林火灾。

二 眉山市森林小镇建设的主要经验

眉山市森林小镇建设有序推进并取得明显成效，形成了初步的建设经验。调研组认为，其经验集中表现为：以系统化思维为主线，构建森林城市群；以文化底蕴为抓手，深挖小镇特色；以政府引导为前提，多方参与建设；以规划先行为指导，引领小镇建设；以生态保护为基础，发展绿色眉山。

（一）以系统化思维为主线，构建区域森林城市发展体系

眉山市统筹开展"国家森林城市、省级森林城市、省市县级森林小镇、市县级森林村庄、市县级森林小区、市县级森林人家"六级创建工作，形成了"人家—小区—村庄—乡镇—城市"多级联创的系统化创建体系，便于整体工作的统筹和创建资源的整合，既推进了"森林"示范称号创建向基层延伸，又强化了创建活动的"细胞"支撑，有效助力创建国家森林城市的总体目标加快实现，利于未来四川省森林城市群的建设。

表4　眉山市森林城市创建评选活动

创建内容	评选对象	评选次数
森林小镇	建制乡镇、街道办事处	2018～2020 年，每年评选一次；2020 年后每 2 年评选一次
森林小区	居住小区、居民集中聚居区	
森林人家	个体单位	

（二）以文化底蕴为抓手，深挖森林小镇特色

眉山市森林小镇以生态文化为基础，深入挖掘融合眉山"东坡文化""长寿养生文化""忠孝文化""竹文化""青羌文化""蚕丛文化"等特色文化，充分彰显森林小镇的文化底蕴和独特魅力，为小镇健康发展注入持久生命力。

青神县南城镇以竹编艺术和竹文化为主要抓手，以竹产业园和相关会展的建设为支点，以陈云华大师为首的竹编大师为核心，建立了以竹为特色的南城森林小镇；洪雅县柳江镇以古而特为建设基础，以青而绿为建设前提，以小而美为建设特色，打造出烟雨柳江美丽森林小镇。其中，南城森林小镇的竹编艺术历史悠久，从 20 世纪 60 年代

起，陈大师等竹编大师就开始了竹编艺品的制作。如若要讨论青神竹编的出现时间，最早可以追溯到 5000 年前，而在 2009 年，"青神竹编"被列入国家级非物质文化遗产名录，成为中国国家地理标志保护产品，由此可见青神竹编文化底蕴之深厚。

柳江古镇建于南宋绍兴十年，距今有 800 多年的历史，是四川十大古镇之一，民俗文化浓厚。借助着文化底蕴这一特色，柳江古镇保留了川西风情吊脚楼、中西合璧曾家园、访古寻悠水码头、亲水临河古栈道、百年民居汇老街等特色文化体验景点，让人们深刻感受到柳江森林小镇深厚的文化底蕴。

（三）以政府引导为前提，多方参与建设

眉山市青神县竹产业最初发展于 21 世纪初，几位竹编大师和企业家联合开办了手工竹编产业。最初由于经验不足和相关政策资金严重缺乏，竹产业发展遇到的阻力较大，但仍然有较大进展。随后，政府开始重视竹产业的发展，2016 年眉山市委市政府出台《关于深入贯彻落实习近平总书记来川视察重要讲话精神加快竹产业发展的决定》，成立以市委书记、市长为组长的推进领导小组，市、区县财政每年安排竹产业发展专项资金 1.6 亿元，扶持竹产业发展。此外，政府还鼓励眉山市市民大力种植竹子，发展竹林农家乐，助力竹产业的发展。

柳江镇以政府引导为前提，开展多元化发展。一是成功引入有实力有影响的知名企业，对柳江旅游开发进行整体打造；二是鼓励民进资本发展健康养生产业，发挥林业生态优势，形成特色健康养生产品；三是推进全民参与绿化美化，共建绿色柳江；四是引领乡村振兴，帮助群众脱贫致富，提升人居环境，打赢脱贫攻坚战。

（四）以规划先行为指导，引领小镇建设

眉山市高标准编制全市竹产业发展规划，优化产业空间布局和结

构布局，着力打造"一核"（青神竹产业园）、"两带"（西部洪雅竹资源培育利用产业带和岷江东岸竹手工制品产业带）、"四链"（竹材深加工、竹工艺及生活制品、竹食品、竹文旅康养）产业发展格局。力争到 2022 年，全市竹资源稳定在 110 万亩以上，竹产业实现综合产值 100 亿元以上。

柳江镇规划引领森林小镇建设，编制完善柳江镇发展规划、玉屏山森林康养旅游发展规划、生态文明建设规划等，启动编制村庄发展规划等，加快总规和控规的编制和完善，突出对天然林木的保护，提高全镇绿化水平。

（五）以生态保护为基础，发展绿色眉山

眉山市委市政府要求每个开展森林小镇建设的乡镇以生态为根基，坚持科学规划，最大限度地保留原生态系统，注重森林资源与生物多样性保护，进行生态环境综合治理，倡导绿色环保的生产生活方式，守护好绿水青山。眉山市坚持"让森林走进城市，让城市拥抱森林"的建设理念，形成"以绿为基、以水为脉、以景为韵、以文为魂"的森林城市风貌和"绿屏环绕、碧水穿城、百园棋布、绿廊相通、千湖镶嵌、林城相依"的森林城市格局。

三 眉山市森林小镇建设中存在的问题

调研组深入眉山市南城森林小镇、柳江森林小镇进行为期三天的调查，通过实地走访和访问座谈等方式发现眉山市森林小镇建设中出现了以下五个问题：

（一）专业性人才资源短缺

人才问题是眉山森林小镇建设的当务之急，也是眉山森林小镇未

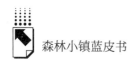

来发展必须解决的问题。比如，眉山市南城森林小镇面临后备人才较为缺乏的状况。由陈云华大师领衔的第一代竹编大师年龄较大，可能已经不适于繁重的编制和教学任务，需要有新一代竹编技艺传承者扛起大梁，而目前除了少量学员较为浅显地了解了竹编技艺之外，并没有能真正推进南城竹编技艺的新一代大师出现。再比如，在柳江森林小镇建设中，人才短缺的问题同样明显。以柳江镇目前的条件，无法聚集高素质专业人才，只能通过聘请专家而对小镇建设提出规划。这种方法并不能长久发展森林小镇，因此，如何解决人才资源短缺的问题迫在眉睫。

（二）知名度不高，影响力不足

作为全国首家竹纤维餐巾纸的发源地和生产地，眉山市的知名度却不高。其中，南城森林小镇借助竹博会的开展，对小镇的声望进行了提升，但由于竹博会持续时间较短，对南城森林小镇宣传效果的提升十分有限。柳江镇素有"云南丽江，四川柳江"的美称，借助玉屏山的优秀资源，柳江森林小镇的影响力有一定扩大，但是想要和丽江媲美，仍需努力打造"烟雨柳江"特色品牌。

（三）产业间的联动不足

眉山市森林小镇建设出现的普遍问题就是三产之间的联动不足。以南城森林小镇为例，其主打的制造业和旅游业间的联系并不是十分密切。产业区域划分较为明显，农业种植区、加工生产区、生态旅游区间缺少互动，导致生产者、制造者和游客在南城镇内很难感受到产业间的密切联动。同样地，柳江镇极其发达的服务业和农业、工业的差距较大，产业间的联动与带动不足，三产畸形发展，不利于柳江森林小镇未来的发展。

（四）观光产业短期效应明显，尚未发挥森林的多重功能

眉山市森林小镇建设主打生态旅游项目，其特定的带动期较短，无法为小镇提供全年时段的旅游收入。比如南城森林小镇人口流动受竹博会的影响十分严重，柳江森林小镇及玉屏山康养与季节、气候等有很大关系。森林资源的多重功能尚未完全发挥，产业过于单一化，这一问题亟待破解。

（五）用地需求难以被满足

由于眉山市森林小镇的建设需要大量的建设用地，而森林小镇周边地区多为林业用地，因此建设用地和林业用地之间的土地划拨、调整出现了无法匹配的问题。由于眉山市土地划拨比较困难，牵扯面广，打击了建设森林小镇的积极性。用地需求难以被满足的问题已成为制约眉山市森林小镇发展的重要因素之一。

四 进一步促进眉山市森林小镇建设的建议

综上所述，眉山市森林小镇建设存在一些急需解决的问题，为此，调研组提出以下五个方面的建议。

（一）着力小镇特色建设，加强人才的培训与交流，出台相关落户政策，增强小镇归属感

在森林小镇的建设当中，如何吸引人才、留住人才、发展人才是亟待解决的问题。如果一个森林小镇失去了未来发展的人才，那它将毫无发展活力可言，因此，眉山市森林小镇应该从以下四个方面着手。

第一，继续加强小镇的特色建设，依靠小镇本身的优势资源吸引

高质量人才。比如发展南城镇竹编文化的体验式游览、建立竹艺编制的研发中心；发展柳江镇古吊脚楼的模拟建设、玉屏山滑翔伞基地模拟建设等，形成独一无二的特质，来刺激更多高质量、高水平的专业人才的进入。

第二，加强人才的培训与交流，组织进行针对性强的人才发展活动。比如针对南城竹编艺术发展而进行竹编大师专家座谈会，编写竹编教科书，指导新一代竹编艺术传承者；针对柳江镇玉屏山森林康养服务开展森林康养专题讲座，提高在职人员的服务水平等。

第三，出台相关落户政策，保证人才引进后的持续发展动力。为保证在吸引人才的同时留住人才，应出台相关人才落户政策，让更多更好的人才扎根于眉山。

（二）开展省级、全国性或世界级的相关活动，加大对小镇的宣传力度

在森林小镇的建设当中，做好对外宣传是十分重要的环节。调研组建议从以下三个方面加大眉山市森林小镇的宣传力度。

第一，开展博览会、文化节等，借助其影响力扩大宣传力度。比如南城镇将自己的竹博会、竹文化节等结合专家座谈交流会的形式进行推广；柳江镇开展"康养玉屏，烟雨柳江"等活动，结合玉屏山的游玩高峰时段，打出名气。

第二，借助网络平台，扩大辐射范围。为吸引现代最大的消费群众"80后""90后"，加大在网络上的宣传力度刻不容缓。在网络上放出宣传视频，达到扩大影响力的效果。

第三，积极融入成都一小时生态圈，借助"天府之都"的吸引力宣传眉山，对成都的游客实行相关优惠政策，协助成都市做好南拓工作。

（三）推进"三产"联动，形成第一产业"接二连三"、第二产业"推一带三"、第三产业"辅一联二"的发展格局

产业兴旺是乡村振兴的一大检验指标。而森林小镇能够恒久运转的动力也是产业发达。因此，三次产业的发展和互相的联动显得尤为重要。调研组建议从以下三个角度发展三大产业。

第一，发展第一产业，提升当地特色农林产品质量。比如南城镇、柳江镇特色竹叶、竹笋等。通过第二产业的深加工，产出当地特色加工制品。比如南城镇竹编茶杯、竹编包，柳江镇特色食品等。用第二产业的加工工厂的体验式旅游带动第三产业的发展。

第二，发展第二产业，与农林科研机构、相关高校展开合作，建立现代科技实验基地、实验区、示范区。

第三，发展第三产业，同时带动第一、二产业的发展。比如南城镇大熊猫馆内可以出售熊猫餐以带动当地特色竹笋的种植和加工；南城镇玉屏山景区内出售康养附属产品以带动制造业的发展。

（四）发展相关产业，加大人口流动，延长游客观光时长

眉山市应大力发展林下经济，加快发展森林休闲业。根据眉山市的资源条件，科学制订林下区域经济发展计划，合理确定林下经济模式及规模；加快发展养生、休闲、旅游体验等特定森林居住属性的休闲业，重点做好"吃、住、行、游、购、娱"六要素的有机融合与发展，强化较弱环节，做好森林旅游一站式服务，延长游客观光游览时间，拉动经济的持续增长。

（五）创新体制机制，解决森林小镇建设用地问题

合理的机制创新是森林小镇的原生动力，而在建设用地的审批和使用方面，需要机制上的创新。调研组认为可以从以下三个角度着手。

第一，合理利用存量建筑和建设用地，旧资产如旧局址、旧学校等建筑用地重新规划和再次利用等。

第二，建议相关部委会商，制定农、林业生产管理用房用地规范以及旅游业和康养业建筑用地规范。

第三，推动以土地产权为核心的农村产权制度改革，增设森林小镇建设用地专门指标，提供有力支撑。

结　语

在全国大力开展特色小镇培育的大背景下，作为国家森林城市、四川省绿海明珠城市，眉山市依托其较为丰厚的自然资源优势，高点站位，以系统化思维营造发展氛围、以深挖区域底蕴擦亮小镇名片、以激发多方参与凝聚发展合力，开展森林小镇培育。尤其是，在森林小镇建设过程中，立足自身优势，充分挖掘小镇本土的特色，同时，坚持以系统化思维为建设思路，高起点规划，集合政府、民间资本等多方力量，共同建设森林小镇，帮助当地居民打赢脱贫攻坚战，实现乡村振兴。眉山市森林小镇建设为其他类似的特色突出的森林小镇建设提供了宝贵经验。

B.7
转型中的东北国有林区森林小镇建设[*]

——黑龙江省绥棱局址森林小镇调查

摘 要： 绥棱林业局以建设生态文明为目标，以创新、协调、绿色、开放、共享"五大发展理念"为指导，努力实现局址"生态优良、产业发展、民生改善、文化繁荣、社会和谐稳定"的发展目标，为森林小镇建设打下基础。调研组通过对局址森林小镇深入调研发现：绥棱林业局在局址森林小镇建设与规划中，始终将森林小镇功能建设作为一个重要元素来考虑。在提升小镇品位的同时兼顾功能建设，基本实现了"让人人生活在公园里"的阶段性目标，推窗望景，出门见景。下一步，应在深入推进国有林区改革的基础上，适用市场化手段大力拓展国内外市场和互联网市场，突出森林康养特色，加大人才激励力度、创新融资方式。

关键词： 森林小镇　国有林场　产业转型

一　绥棱林业局总体概况与局址森林小镇发展历程

局址森林小镇依托黑龙江省绥棱林业局局址而建，故得名局址森

* 调研组：庞波，发展中国论坛秘书长、课题学术委员会委员，博士；倪建伟，调查组组长、发展中国论坛学术委员会委员，浙江财经大学教授、博士生导师；杜逸文，浙江财经大学研究助理；张浩宇，浙江财经大学研究助理。本报告执笔：杜逸文。

林小镇。局址 2015 年被评为 4A 级旅游景区，2017 年入围省级特色小（城）镇培育对象名单，2018 年被评为"百佳深呼吸小城"，并获得了"全国绿色小康县""中国最佳文化休闲旅游目的地"等多个荣誉称号。

绥棱林业局位于黑龙江省小兴安岭西南麓，绥棱县境内。这里群山连绵，林海浩瀚，历史悠久，人文灿烂。境内自然风光雄奇壮美，具有得天独厚的自然景观和人文景观。东与翠峦林业局相连，南邻铁力林业局，西靠通北林业局，北与沾河林业局接壤。绥棱林业局总经营面积 214.802 公顷，其中林地面积 167.030 公顷，森林总蓄积 1580 万立方米，林区内植物和野生动物物种极其繁多，景观独特，林木丰茂，森林覆盖率达 80%。绥棱林区气候属于中温带大陆性气候，年平均温度在 10 摄氏度以上，有效积温为 2200 摄氏度，全年无霜期 110 天左右，年降雨量 550～650 毫米。绥棱林区自然资源十分丰富，地上有森林及多种野生植物资源，地下有白云石、大理石、白瓷土、褐煤、膨润土等矿产资源。努敏河是绥棱林区的主要河流，发源于东股流和北股流林场，水质清澈无污染，流经施业区 85 公里，汇入呼兰河后进入松花江。

（一）局址森林小镇建设的萌芽阶段——"两危"的反思

从 1948 年绥棱林业局建局到 1989 年，绥棱林区经历了开发、创业、危困和复兴的发展历程。20 世纪 80 年代中后期，由于计划经济体制的桎梏和长期无休止的过量采伐，森林资源锐减。绥棱林业局与黑龙江省森工企业一样，由过去的鼎盛时期逐步进入了森林资源危机、企业经济危困的"两危"困境时期。由于多年来的过量采伐，使可采资源出现了严重危机。建局初期，可采资源数量达 1900 万立方米，至 1990 年末仅剩 103.2 万立方米。1970～1986 年的 16 年间，森林蓄积量由 1134 万立方米下降到 201 万立方米，可采资源年均消耗 66 万立方米，而年蓄积量增长仅为 34.7 万立方米，森林资源年消耗量是增长量的 1.9 倍。森林蓄积量的急剧减少，使用材林的林龄和林分质量发生了明显的变化，按 1989 年 25 万立方米的生产量计算，至 1994 年，将无资源可采，后续资源难以为继，木材生产中断。由于木材产量下调，为国家提供的利税急剧减少；林产工业因缺少原料，其发展受到限制；资金的短缺，使多种经营发展十分困难，整个企业经济活动难以正常进行。森林覆盖率下降，生态环境恶化，涵养水源能力降低，自然灾害频率增大。林区职工生活质量下滑，教育事业萎靡不振，人才大量流向外地。

面对"两危"的困境，绥棱林业局开始重新审视其发展理念，认识到森林资源的重要性，不再毫无节制地砍伐森林。绥棱林业局开始持之以恒地抓生态建设，掀起了一场绥棱史无前例的"绿色革命"。正是对于"两危"的反思，促使绥棱林业局大大提升了绥棱地区的生态水平，这种绿色发展的理念也成为建设局址森林小镇的萌芽。

（二）局址森林小镇建设的基础阶段——以旅游业为切入点

随着治危兴林的不断深入，林区社会和经济状况均发生了历史性变化，旅游业成为林区经济发展的一个新亮点。

2001 年 5 月，绥棱林业局成立旅游局；2002 年 8 月，成立森铁旅游公司。旅游局负责全局旅游产业的管理、项目开发和招商引资工作，森铁旅游公司负责旅游项目的运作和管理。在对全局旅游资源进行调研、论证、规划的基础上，绥棱林业局与黑龙江盛广佳经贸有限公司达成了经营张家湾农场水库及周边旅游资源开发的协议，本着互惠互利、公平平等的原则，合作开发张家湾农场水库及周边土地，用于发展特色养殖业、种植业及旅游事业等。

1999 年，利用森铁处闲置地建设了瑜清园景区，占地面积 3 万

143

平方米，内有凌云阁、赏心亭、悦目亭、玉潭桥、曲桥、月亮湖、骆驼山、观止亭、秋波亭、长廊、水帘洞、荷花池、雕像等景点。

2000 年，建设了绿荫广场，占地面积 2 万平方米，是当时林业局较大的公园，也是局址早期的著名景点。2002 年，经森林工业总局同意批准，在张家湾农场、七一经营所建立两处省级森林公园。2002 年 7 月正式开通了张家湾农场二连桥至砂线河段诺敏河浪漫漂流项目，开通了森林小火车旅游观光项目。初始，由森铁旅游公司负责经营和管理。2004 年 5 月，承包给个人经营。2004 年，修复了张家湾农场白马石抗联遗址，以崭新的面貌迎接着一批又一批旅游观光者。

2008 年，建设了绥棱林业局文化公园，全园面积 2.88 万平方米，文化园内有省书法家协会 10 名副主席书写的诠释绥棱林区文化建设内涵的文化建设十字令：爱、民、礼、福、信、忠、道、勤、和、德，园内设置林区特有的原始外燃、内燃小火车实物景观，具有浓郁地方特色的民俗雕塑，展示绥棱林区 60 年波澜壮阔建设的百米砂岩浮雕墙，园址中心为绥棱林业局多功能文化宫，该园中还具有多处代表林区文化的景观、景点，是全省森工首家露天展览馆，具有极高的欣赏价值。

2009 年，建设了植物王国景区，占地面积 7 公顷，栽植小兴安岭林区乡土树木数万株，园内诗词书法石刻 100 尊，镌刻着自西周至当代的百余首诗词作品，吸引着四方游客前来欣赏临摹。2010 年，建设了绥棱林业局鼎盛园文化广场面积 3 万平方米，广场中心矗立着代表绥棱林区繁荣鼎盛之源的 6.6 米高金鼎，鼎身铭有"博爱、诚信、执着、创新"的企业价值观。音乐喷泉和独具匠心的各类雕塑环绕周边，十二生肖活灵活现，彰显了林区人的拼搏向上的开拓精神。这里是休闲、娱乐、感受文化气息的最佳选择。

2010 年，棚改时利用低洼地新建了城市环岛景区，该景区位于局址中心，占地面积 0.75 公顷，造型各异的雕塑遍布岛内，百余种珍贵本土树种花草供游人观赏，林荫步道板有序分布，方便了游人出行，使之成为一道亮丽的风景线。

林区旅游产业一方面在拉动经济发展和人员就业、扩大企业知名度、招商引资、实现经济和社会效益同步提高等方面起到了重要作用，另一方面也促进局址的基础设施建设，为森林小镇建设打下了基础。

（三）局址森林小镇建设的创建阶段——以林区改革为契机

黑龙江省森林面积占全省辖区面积的 45%，占全国森林面积的 10.3%，是我国最重要的生态功能区和寒温带生物基因库，在保护国家生态安全和促进经济社会可持续发展上具有重要的战略地位。2014 年，国家全面停止黑龙江省重点国有林区天然林商业性采伐。2015 年 3 月 17 日，中国政府网公布中共中央、国务院印发的《国有林场改革方案》。该《方案》分国有林场改革的总体要求；国有林场改革的主要内容；完善国有林场改革发展的政策支持体系；加强组织领导，全面落实各项任务 4 部分。改革的主要内容是：明确界定国有林场生态责任和保护方式；推进国有林场政事分开；推进国有林场事企分开；完善以购买服务为主的公益林管护机制；健全责任明确、分级管理的森林资源监管体制；健全职工转移就业机制和社会保障体制。2017 年 7 月 4 日国家林业局办公室发布《关于开展森林特色小镇建设试点工作的通知》，决定有针对性地在"国有林场"和"国有林区"开展森林特色小镇建设试点工作，有别于各地村落、乡镇、街道或林场林区等多种载体。

在此背景下，特别是随着木材停伐后资金来源渠道的收紧，在国家试点和先行地区引领的外部环境下，在绥棱林业局自身发展现实需求的内生动力作用下，绥棱林业局希望依托国有林场改革转型升级为森林小镇。2015 年 8 月 29 日局址被正式批复为 AAAA 级生态文化旅游景区。2015 年 10 月 12 日绥棱林业局旅游局参加了国家林业局在武汉举办的森林旅游局推介会。2017 年入围省级特色小（城）镇培育对象名单，2018 年被评为"百佳深呼吸小城"，并获得了"全国绿色小康县""中国最佳文化休闲旅游目的地"等多个荣誉称号。2018年，绥棱林业局正式申报局址生态旅游型"森林小镇"。

表 1　2016～2018 年局址森林小镇主要经济指标

	2016 年	2017 年	2018 年
地区生产总值	4.4775 亿元	4.9285 亿元	5.4085 亿元
其中:第一产业	1.5299 亿元	1.3578 亿元	1.5346 亿元
第二产业	1.2488 亿元	1.0006 亿元	0.6821 亿元
第三产业	1.6988 亿元	2.5701 亿元	3.1918 亿元
其中:涉林产业	0.7526 亿元	1.3677 亿元	1.5389 亿元
其中:旅游产业	0.57 亿元	0.71 亿元	0.846 亿元
财政收入			
其中:涉林收入	0.12 亿元	0.13 亿元	0.15 亿元
其中:旅游产业	350000 元	450000 元	480000 元
人均可支配收入	10178 元	11200 元	12710 元

二　局址森林小镇的建设路径

（一）推进林区转型发展，坚持体制机制创新

1.加快职能转变，推进林区政企事企分离

根据中央《国有林场改革方案》和《黑龙江省推进国有林区转型发展的若干意见》，林业行政主管部门要加快职能转变，创新管理方式，减少对国有林场的微观管理和直接管理，加强发展战略、规划、政策、标准等的制定和实施，落实国有林场法人自主权。在稳定现行隶属关系的基础上，综合考虑区位、规模和生态建设需要等因

素，合理优化国有林场管理层级。国有林场从事的经营活动要实行市场化运作，对商品林采伐、林业特色产业和森林旅游等暂不能分开的经营活动，严格实行"收支两条线"管理。鼓励优强林业企业参与兼并重组，通过规模化经营、市场化运作，切实提高企业性质国有林场的运营效率。要加快分离各类国有林场的半社会职能，逐步将林场所办学校、医疗机构等移交属地管理。积极探索林场所办医疗机构的转型或改制。根据当地实际，逐步理顺国有林场与代管乡镇、村的关系。

绥棱林业局深入学习贯彻相关文件精神，完善了全局改革方案，积极推进以林区森林资源管理和社会管理两项行政职能与企业经营管理职能分离为目标的经营机制、管理体制改革，扎实推进健全国有林区管理体制。积极探索林权制度改革和国有森林资源管理有效形式，逐步建立统分结合的国有森林资源经营管理机制，在林地所有权和用途不变的前提下，大力推进经营机制转换，按照先管护承包后流转的原则，以林权制度改革推动分类经营。扎实稳妥推进管理体制改革工作，按照国家可持续发展战略和建设生态文明的要求，建立起适应社会主义市场经济要求、符合局情林情、权责利相统一的国有重点林区管理体制，将森林资源管理、社会管理两项行政职能与企业经营管理职能分离，实现"政企分开"，组建国有林区管理局和森林经营公司，形成林区森林资源管理、社会行政管理与企业经营管理"边界清晰、双轨运行"的管理体制和经营机制。

绥棱林业局完成了绥棱重点国有林管理局和绥林林业经营有限责任公司挂牌，并完成了公司注册，实现了资产剥离建档立卡，单独财务核算。调整了由党政主要领导任组长的改革领导小组方式，切实加强了对全局改革的组织领导。推进了林业经营公司实体运营，加快了政企分开步伐。对原森铁处、贮木场转岗职工进行了分流安置，促进了职工就业增收。

2. 建立有力的组织领导体系与工作机制

坚持开展好"六好"班子和"五型党组织"、"五型书记"建设活动，重用在状态、敢担当、求发展的干部，实施人才发展战略，全面深化党建带工建带团建工作。建立推动转型发展的领导机制、工作推进机制、责任机制、考核机制、激励机制，进一步提升干事创业的精气神，使党组织的政治核心优势成为林区发展的强大动力。

绥棱林业局在长期的工作实践中创新总结出一套"晨练工作法"，让干部到基层群众中去。每天清晨，由党委书记、局长带领班子成员和有关部门负责人，以晨练的方式，深入基层单位、工程现场、街道社区、楼宇街道，检查工作，部署任务，与职工群众"零距离"接触，主动查找问题，及时解决问题，形成了天天都是局党政主要领导接待日，居民小区处处都是现场办公地，群众与领导亲切接触的"绥棱现象"。自2011年以来，党政班子成员通过"晨练工作法"为职工群众集中办理的好事实事、现场解决的难事杂事共1000多件。

在绥棱林业局，上至党委书记、局长、副处级领导，下至科长、基层副科级以上干部，大家都有一门穷亲戚，领导干部攀"穷亲"、帮"穷亲"蔚然成风。几年来，绥棱林业局党委积极实施"一对一"扶贫解困工程，400多名领导干部结对帮扶1387户贫困户，帮贫困户落实项目1000多个，传授技术近千项（次）。如今，有一半贫困户已摆脱贫困走向富裕。绥棱林业局领导干部坚持带头深入田间地头，工厂车间，与群众同吃、同住、同劳动，一本本"民情日记"，一篇篇"蹲点心得"，一场场意见征集会，一次次工作协调会，架起了干群连心桥，畅通了民意直通车。

3. 实行公司化运作，创新投融资体制

绥棱林业局对局现有产业实行公司化运作，将局的十大公司全面进行合同化管理，明晰林业局与公司的权利和义务。各大公司都要制定系统的发展目标和发展规划，按照公司法自主实行市场化经营，在市场中求生存、谋发展、创效益，实现管理机制创新，创新投融资体制。鼓励社会资本参与市政设施、旅游、工程、公共服务等项目建设。加快经营公司改革力度，确保实体运营。按照"内设综合部门职能部分划转，企业经营专业部门职能全部划转"的原则，人随事走，钱随人走，身份不变，经费渠道不变，以林业局经营性资产及新组建的重点国有林管理局之外的全部企业身份人员，组建公益性质的林业经营公司。建立健全各项公司经营管理制度，促进林业经营公司实体运营。工程项目建立 PPP 系统，将所有拟建项目纳入项目库，严格控制计划外项目。对林区资源分类造册，摸清家底，对林上林下资源可开发利用的，在国家政策框架内，本着"有利于生态保护，有利于企业增效，有利于林区群众发家致富"的原则，严格制定方案，公开承包经营。对林区多种经营用地进一步清查核实，分类合理确定承包基数，坚决杜绝林场私留地和乱收土地费行为，促进管理增效。大力扶持白马石农业发展有限公司，白马石电子商务有限公司，顺兴绿化苗木经营公司发展壮大。将旅游公司向市场化推进，最终实现自我发展。对效益不佳、缺乏后劲的公司进行整合，使其形成规模，抱团闯市场，实现自立上缴。

（二）以绿色发展为本，推进林区生态建设与产业发展

1. 全面停伐天然林，加强生态资源保护

《国有林场改革方案》提出"区分不同情况有序停止重点国有林区天然林商业性采伐，确保森林资源稳步恢复和增长。明确国有林区发挥生态功能、维护生态安全的战略定位，将提供生态服务、维护生态安全确定为国有林区的基本职能，作为制定国有林区改革发展各项政策措施的基本出发点。研究提出加强国有林区天然林保护的实施方案。稳步推进黑龙江重点国有林区停止天然林商业性采伐试点，跟踪

政策实施效果，及时总结经验。"

绥棱林业局自 2014 年全面停伐天然林以来，严格保护天然林，建立林地和林木红线保护制度，把红线落实到山头地块。严格管控林地征占用行为，依法清理回收被侵占林地。建立健全森林防火、资源林政管理、森林病虫鼠害的监测与防治和森林资源调查与监测四大体系。完善森林资源管护经营责任制，防止盗伐、火灾、病虫害等危害森林的现象发生，采取各种措施保持森林体系的自然性和完整性。强化森林生态体系的调节能力和防护能力，减少自然灾害的发生，促进生态系统和生活环境的良性循环，确保施业区内湿地和努敏河发源地的安全。重点做好母亲河、原始森林、湿地、野生动植物的保护工作，加大源头水土污染治理，严格控制高残留农药使用，大力提倡有机肥料使用，实施废弃农药瓶统一回收统一销毁工作，彻底解决林区水源污染问题，确保生态不被破坏。加大硬件设施投入，实施科技管护，建设远红外线监控系统，对森林资源实行全天候全覆盖监控，确保森林资源安全。

专栏 7 - 1

绥棱"绿色银行"概况

绥棱林业局的茂密林海被林区人誉为千里"绿色银行"。山上的职工群众，男女老幼春夏季节都到这"绿色银行"里"储蓄"。他们储的不是现金，而是不辞辛劳、艰辛与汗水，秋季则收获了成沓的人民币。

"绿色银行"的诞生得益于森工总局推行的森林资源管护经营责任制。2000 年初，绥棱林业局审时度势，因地制宜，经过多方论证，勾画出了发展管护经营特色经济的宏伟蓝图，构想定格后，各林场所积极响应，他们以市场为导向，抓特色、抓示范，不断壮大林冠下多种经营实力，引导职工群众投资投劳，向"绿色银行"积极储蓄，围绕公路构建特色型、绿色型、生态型多种经营项目。如今，管护经营项目已经发展到了种植、养殖、北药、食用菌、山野菜、红松果等六大类30多个项目，现在"储户"已达6000多人。

　　规模庞大的山野菜基地，林茂果密的森林资源，林林总总的养殖项目，都是"绿色银行"的主体，山里人看好了这个"银行"，林区的职工最爱这个"银行"，有"天保"的良机，有特色经济和职工群众的加盟，这个"绿色银行"会更加繁荣兴旺。

2.加大森林资源培育利用力度，突出森林生态产品开发

　　绥棱林业局以"天保工程"二期实施方案为指导，根据不同类型森林的不同用途、特点和规律，采取不同的经营方式和管理体系。对重点公益林区的森林实施重点保护，对区域内的无林地采取人工造林方式，对疏林地采取封山育林人工促进更新的方式尽快恢复森林植被。对郁闭度较低的林地采取林冠下补植，增加造林密度，对低价疏灌林采取改造、补植等方式，提高森林质量。做好新一轮退耕还林还草工作，对现有超坡耕地、退耕还林地等土质条件好的林地，采取种植果树、林药、山野菜等措施，培育经济林，增加收入。大力发展猪、鹿、蜂、鹅、林蛙、食用菌、山野菜、北药、林果等绿色产业项目。大力发展粮油类、食用菌类、山野菜类、坚果类、浆果类、保健酒类、保健品类、饮品类、特色养殖类、水产类等森林绿色食品。建立强大的营销网络，在省内外建设一批产品展销中心和产品精品专营店，在全国叫响绥林的"黑森"品牌。

专栏7-2

义气松林场发展柳编厂纪实

　　绥棱林区建局之后，五大产业全面发展，山上地区多种经营红红

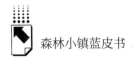
火火。林区职工的柳编最早主要是自编自用，以实用为目的生产工具。1985年义气松实验林场建立了柳编厂，权属林场管理，为林场下设的一个工段，产品只有单一的柳编制品。1995年，进行了产权改革，柳编厂归个人经营管理。经过运作经营，从原来的单一柳编制品，发展出草编、柳编、树皮编、扎把等几十种编织工艺。林区草、枝条和树皮资源丰富，以它们为原料制作的工艺品，样式新颖，深受人们喜爱。产品曾经远销日本、韩国、香港等国家和地区，促进了草柳编工艺品的发展。

林区全面停伐后，局党委书记凌长伟带领新一届领导班子，不断推进林区改革，把发展多种经营产业作为转型发展的突破口之一。义气松林场柳编厂再次抓住机遇，不断推出适应市场需要的新品种，编制出当今流行的卡通人物肖像、具有森林防火警示教育意义的消防车等消防装备，在注重实用性同时不断增加种类和款式变化，生产规模也相应扩大。目前，全场常年从事草柳编生产的人员已达30多人，编制车间150平方米，安排大批无业人员就业。

3. 强化美丽林区建设，着力打造"诗画林城"

绥棱林业局开展"美丽林业局"和"美丽林场所"建设活动，在绿化、美化、香化、净化、亮化、个性化、品位化上下功夫，着力打造"诗画林城"品牌。局址抓好园林景观雕塑群建设工程，抓好龙林木结构场区、三清宫道教文化园、月牙湖小区、祥和小区绿化景观建设，推进田园式、花园式小区建设。山上林场所要突出原有生态林场所建设个性，把生态建设与发展生态旅游有机结合，抓好民宿区打造工作，把绿化、美化、香化向场外延伸，向庭院延伸，一场一品、一街一景、一户一特色，巩固全国绿化先进单位成果。在绥棱局，城就是一片林，但林中自有精雕细琢的意境；林就是一座城，而城中不乏苍茫厚重的底蕴。绥棱局坚持不与大中城市比高楼大厦，不与著名景区比名胜古迹，而是比草绿花红，比天蓝水碧，比文化内涵，持之以恒地抓生态建设，掀起了一场绥林史无前例的"绿色革命"，相继建设了大量的生态绿化景区和一批生态园林绿化单位，全局绝大部分小区都变成了花园式居民小区。在主街两侧建成了六层复式绿化带，形成了乔、灌、花、草、篱搭配有致，点、线、面、环协调发展的绿化格局。同时，拆除了机关等企事业单位的大门、院墙和铁栅栏，全部栽植了绿化树木，不仅增加了绿化的覆盖率，也大大密切了干群关系。截至 2017 年，全局累计栽植绿化树 81.1 万株，全局栽植绿篱 639 公里，种植花卉、草坪 28 万平方米。全局绿化率达到 100%，绿化覆盖率达到 49.2%，人均绿地面积达到 82.3 平方米。局址建成区人均公共绿地面积 12.5 平方米。

（三）以森林旅游为特色，做大做强旅游经济

1. 以森林小火车为抓手，发掘本土旅游特色资源

绥棱林业局森林窄轨铁路，是当今世界上仅存的完好的三大森林窄轨铁路之一，是蒸汽机时代的活化石，它始建于日伪时期的 1938 年，最初的一段是绥棱至四海店的森林铁路，到 1983 年延伸到五道河至东风段森林铁路，在七十多年里，绥棱林区共修筑了十几条数百公里的森林铁路延伸到山区各林场。总里程达 300 公里，站点 36 个。它既是日本帝国主义侵华战争对我国森林资源疯狂掠夺的历史罪证，也是林区人民为支持建设社会主义新中国运输木材的交通工具，为新中国的发展做出了不可磨灭的贡献，喷云吐雾的小火车，伴随着阵阵轻快的金属碰撞声和高亢明亮的汽笛声，在将一车车木材运出大山的同时，也承担着旅客运输的职责。2006 年绥棱至四海店公路水泥路面开通，小火车客流量大量减少，客运快车停运了。在木材生产任务的日益减少和现代化交通网络发展的冲击下，它终将在不远的某一天开进永远的终点。2014 年 4 月大小兴安岭和内蒙古林区全面停止采

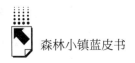

伐后，森林小火车彻底地完成它的历史使命，退出木材运输的历史舞台。

为了让四面八方的游客，有机会亲身感受和体验林区这一古老生产交通工具的独特魅力，2013年绥棱林业局投资对森林铁路小火车重新进行了修缮，分别装修成豪华车厢、游艺车厢、餐饮车厢等，形成旅游专列，可容纳120人。并且在局址开通体验森林小火车一日游项目。从2013年森林小火车旅游项目的规划与实施到2014年绥棱林业局森林小火车旅游正式走入运营，森林小火车结束了木材运输的历史使命，开启了绥棱林区全面开发生态文化旅游产业的新时代，实现了森林小火车从木材运输到生态文化旅游观光的完美转型，开启了绥棱林区转型发展、再次创业的新征程。自2013~2014年以来，接待人数为1.5万人，产值达到150万元，实现利润80万元。

2. 完善景区基础设施建设，让林区旅游提档升级

为成功将局址升级为AAAA级旅游景区，绥棱林业局大力完善相关基础设施。重点建设干线公路，完善网络、提升等级、优化结构，按照省公路五年规划，计划建兴至四海店达到二级公路标准；防火公路新建151公里，专用公路新建543公里，全部达到四级砂石标准；重建西北河三座大桥，并对通往五道河农场破损的两座公路桥进行重建；逐步消灭大中小危桥，提高路网服务水平。推进教育、医疗等公用设施建设。为局中心幼儿园新建一栋教学楼；为中心学校建一处多功能综合楼、一处幼儿艺术教育中心；对中小学操场全面升级改造。新建了绿篱迷宫、浴德园、水上乐园、莲花喷泉、钟楼等景观景点和娱乐设施，重点建设游客集散中心、景区星级标准卫生间、相关标识展示牌等AAAA级旅游景区配套设施。

3. 统筹林区旅游资源和规划，打造精品旅游路线

绥棱林业局重点将森林小火车沿线的旅游资源纳入旅游规划内。森林小火车沿线可开发旅游资源主要是关东林区历史文化园旅游项目

（开发地点是原绥棱林业局森铁处）、怒敏河漂流项目（开发地点是西北河林场至张家湾农场河段）、五四知青点旅游开发项目（开发地点是五四林场）、北满抗日省委所在地旅游开发项目（开发地点是五四林场四平山）、儿童游乐园项目（开发地点是绥棱林业局局址）。森林旅游小火车推出三条观光旅游线路：第一条是森林小火车体验游。小火车从植物王国驶往阁山，游客坐着车吃着火锅唱着歌，沿途可以感受秀美山村原生态的生活场景，远离现代都市，体验亲近自然的休闲生活，享受山水乐趣，追寻喧闹都市之外的那份宁静。第二条是森林小火车风情游。从森林小火车站发往张家湾白马石景区，在乘坐小火车的同时，感受碧水微波，滩宽水清，渔船悠悠的塞北江南风光。第三条是森林小火车原始森林深度游。从张家湾农场发往跃进林场，穿越神秘苍郁的原始森林，泛舟荡漾在美丽的张家湾水库。沿途奔流不息的诺敏河、挺拔耸立的群山峻岭、景观奇特的白马石遗址，令人流连忘返，惬意非凡。针对参观游览绥棱林业局生态文化旅游景区，打造了"文化园—鼎盛园—植物王国—民俗文化一条街—博物馆—金钥匙塔—森林小火车站"的一日旅游路线。

专栏 7 - 3

五四林场概况

绥棱林业局五四林场位于小兴安岭南麓、四平山脚下，始建于1958 年，是一个集营林生产、多种经营等特色经济协调发展的综合性生产单位。全场施业区总面积20491 公顷，有林地面积10880 公顷，场区占地面积60.7 公顷，全年无霜期110 天，活动积温2400 摄氏度左右。现有居民600 户，人口1658 人，职工322 人，党员54 人（其中在职党员11 人），下设4 个党支部、5 个党小组。五四林场地理位置优越，东临四平山，西邻诺敏河，是老金沟东北抗联根据地遗址保留地，同时，场区在棚户区改造工程建设中成果卓著，现已成为

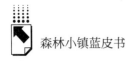

山上林场所欧式田园小区典范。

——自然资源：

四平山：是黑龙江省三大平顶山之一，距场区11公里，山体面积大约610公顷左右，海拔664米。绥化电业局投资风力发电机组20组，建测风塔一个，于2010年建成。

诺敏河：距场区10公里，河长130公里左右，河宽80米，源头在东股流林场和北股流林场交界处。

二段高山：距场区4公里，山体面积400公顷，海拔542.5米，高山有绥棱局076防火瞭望塔一个，塔高24米，可观赏林区山体景观。

老金沟抗联遗址：距场区6公里处，保留着历史遗迹，曾是李兆麟同志东北抗联根据地，石碑铭刻"第三军团"等字样。

——种养殖业资源：

种植业：盛产大豆、玉米、马铃薯。

养殖业：现有獭兔、貉子、狍子、鹿、蜂、浅水鱼养殖联合体47户，69个池塘，适用于垂钓。

——野生资源：

动物：野猪、狍子、山鹿、貉子、野鸡、野鸭、野兔、松鼠、榛鸡、黑狗等。

植物：云杉、樟子松、山杨、白桦、臭松、红松、黄菠萝、落叶松、鱼鳞松、水曲柳、水冬瓜等。

真菌类：有黑木耳、猴头蘑、元蘑、榛蘑、黄榆蘑等。

野菜类：蕨菜、黄瓜香、猴腿蕨、刺老芽、黄花菜、山韭菜等。

野果类：山核桃、红松籽、毛榛、刺玫果、山葡萄、树莓、草莓、都柿、山丁子、山里红、狗枣等。

山药材：五味子、平贝、防风、龙胆草、黄芪、人参、党参、刺五加、黄芩、大力子、蒲公英、甘草、柴胡、车前子等。

（四）加强林区文化与社会建设，提升群众生活水平

1. 打造绥棱林业局博物馆，全方位展示林区文化

绥棱林区博物馆始建于2012年，建筑面积2600平方米。馆内展区共分为印象年轮、时光征途、发展力量、党旗忠诚、智慧火花、足迹印痕、丰碑永恒、展望憧憬八个部分。它是绥棱林区的年代记忆，也是整个森工的年轮缩影。馆藏有极高文物价值的金代铜镜、明代瓷器、清代算盘等，还有国家一级保护动物金雕以及黑熊、猞猁、马鹿、狐狸等动物标本，还有反映林区生产生活的大量珍贵老照片、老物件、名人诗画等珍藏品。博物馆不仅仅是历史的陈列馆，还是民俗博览馆，更是艺术展示馆。采用多媒体、图片、标本、实物、文字、绘画等多种表现形式，全面展示了绥棱林业局从1948年建局至今的发展历程。

2. 实施民生活动场所提档升级工程，丰富群众生活

提升所有群众文化体育休闲娱乐场所建设水平，充实优化活动设施。继续加大社区、物业、养老院、文化活动场所等社会福利性的硬件建设投入，建设林区图书馆，为各社区阅览室增加图书报刊数量。增加道德讲堂和电视文化知识讲座场所，满足林区群众读书和增加知识提高技能需求。建设集游泳、篮球、器械训练等于一体的健身场馆，并定期组织开展职工比赛，举办篮球、乒乓球、羽毛球、滑冰、学校运动会等群众性体育赛事活动。

专栏 7-4

"699" 文化传播中心概况

"699" 文化传播中心是通过招商引资，由大庆同禹集团投资建设的一处集文化展览、美容健身、休闲购物、美食养生、影视驿站、旅游观光为一体的文化地标性建筑。它是承袭了中国古代钥匙的造型，象征着开启智慧和心灵的钥匙，又称为金钥匙塔。文化传播中心

始建于 2012 年，建筑面积 4960 平方米，共有 21 层，其中有孔子学堂、黑陶展示馆、3D 影院、吴宝三文学馆、茶社、时光书屋、养生会馆、龙森地板家具体验馆、春之旅主题驿站、时尚生活会馆、红酒雪茄会所、咖啡厅、冷饮厅、甜品店、BBQ 烧烤、城市观光台等一批文化与休闲设施。这是绥棱林业局以文化创新为动力，大力发展文化产业，优化产业结构，将文化理念由浅入深进行拓展，将文化品牌由小到大进行推广，进一步提升凝聚力与竞争力，完成经济、社会、文化三者之间良性互动，实现转型发展总体目标的重要举措。

3. 实施"文化 +"工程，深度打造"一十百千万"文化工程品牌

绥棱林业局把林区的产业、产品、生态、管理、社会民生注入文化元素，形成绥棱林区独有的文化产业、文化产品、文化生态旅游以及管理文化、校园文化、社区文化、警营文化、廉政文化、饮食文化、民俗文化等多元文化集群。加大对林区文化的推介，使"山型"文化模式成为绥棱标志性符号，努力把绥棱局打造成为全国文化名城。继续深入实施"一十百千万"文化品牌工程。"一"是：承办全省森工首届"全国生态文化高端论坛"。"十"是：开展十项文化系列活动，即拍摄一部展示绥棱林区开发建设发展历程的纪录片《绿色足迹》；举办森工首届暨绥棱林区第五届"生态文化节"；举办一次"加强企业管理、推动林区经济发展"主题研讨会；编辑出版一套生态文化诗歌、散文集；开展"我们的新时代"广场文化系列活动，实施文化惠民工程；在新林城报纸举办"诗画林城"杯十大生态美文评选活动；开展全民健身活动，举办篮球、乒乓球、羽毛球、滑冰、学校运动会等群众性体育赛事活动；举办 2018 年春节联欢会；开展第五届道德模范评选活动；开展文联协会文化活动成果展示月活动；开展优秀文化作品研讨会活动；开展"我们的节日"传统文化系列活动和家风家训征集评选展示活动；开展"引领风尚、铸魂

林区"为主题的社会主义核心价值观"七进"活动。"百"是：百名著名生态文化学者绥林行活动，组织百名优秀文学创作会员开展情系"诗画林城"采风活动。"千"是：举办千人广场舞大赛，千名志愿者签名活动，千人经典诵读大赛活动。"万"是：开展"百万青少年上冰雪"活动；开展"奋进新时代 万众奔小康"劳动竞赛活动。

三 局址森林小镇的发展困境与不足

（一）全域全季旅游格局有待强化

全域旅游是指在一定区域内，以大众休闲旅游为背景，以产业观光旅游为依托，通过对区域内经济社会资源尤其是旅游资源、产业经营、生态环境、公共服务、体制机制、政策法规、文明素质等进行全方位、系统化的优化提升，实现区域资源有机整合、产业融合发展、社会共建共享，以旅游业带动和促进经济社会协调发展的一种新的区域协调发展理念和模式。绥棱林业局局址全域旅游格局还有待强化。林业资源、产业资源和文化资源与旅游的关联度还较低，产业之间的交融程度不足；受交通线路组织、产品开发程度影响，景区景点利用率、开发率还有潜力可挖。林场与局址中心距离较远，各个林场的景点较为分散。此外，由于东北特殊的气候环境，局址只有在夏季的几个月里才会显现"人在花园中"的景象，针对其他季节开发的旅游产品不足，使得局址出现明显的旅游淡旺季。

（二）特色旅游产品宣传不足

目前，绥棱林业局局址旅游的群众主要来自周边地市。围绕局址

"森林小镇"打造的旅游产品，无论在线上还是线下都存在宣传力度不足的情况。利用推介会等规定动作进行宣传的较多，有创意的自选动作几乎没有，旅游宣传材料不够新颖，营销识别系统缺乏统一性。营销策划缺乏系统性、持续性，阵发性、随意性较大，智慧旅游刚刚起步，难以达到良好的宣传效果。目前开通的绥棱林业局互联网＋森工云平台也存在知名度不高、影响力不强的特点。

（三）缺乏专业的林业相关人才

当前，森林旅游人才培养不受重视，培养机制不健全，人才匮乏。而缺乏管理与经营的人才，缺乏有科学知识与技能的人才，真正的生态旅游就难以开展。部分景点没有专职导游，游客来了只能听到简单的象征性介绍，致使旅游景点不能引起游客的兴趣，一定程度上有"乘兴而来、败兴而归"的感觉。森林小镇的首要条件便是森林资源丰富，这就决定了森林小镇地理位置相对于其他地区要偏僻，基础设施相对落后，难以吸引年轻的人才进入。

（四）发展资金不足

调研组在实地调研时，绥棱林业局相关同志多次提到发展资金不足的问题。绥棱林业局基础设施建设有丰厚积淀，但随着木材停伐后资金来源渠道的收紧，后续棚户区改造以及生产生活等基础设施建设、公益服务设施改善、维修服务等所需资金压力会越来越大。木材全面停伐带来的经济转型阵痛期远未过去，职工收入总量还不高，就业压力大。林业局上缴管理费大幅增加，产业转型还没形成规模效益，自身发展资金筹措难度加大。既要保证上缴，又要增资开资，资金有缺口，压力大，缺乏龙头带动。近年来，我国森林公园建设都未能纳入中央和地方国民经济与社会发展计划，缺乏国家宏观投资政策的有力扶持和引导，相应的基本建设投资和保护管理事业经费大多没有纳入财政预算，而林业部门自身对森林公园的投入也不多，严重制约森林旅游事业的发展和潜力的发挥。

表2　2016～2018年局址森林小镇建设投入情况

单位：万元

	2016年	2017年	2018年
总投入资金	2700	1426	1252
其中:财政资金	2386	860	980
其中:中央	2386	860	980
自筹资金	314	566	272

四　进一步推进局址森林小镇建设的对策建议

（一）继续推进重点国有林区改革

积极推进以林区森林资源管理和社会管理两项行政职能与企业经营管理职能分离为目标的经营机制、管理体制改革，扎实推进健全国有林区管理体制。积极探索林权制度改革和国有森林资源管理有效形式，逐步建立统分结合的国有森林资源经营管理机制，在林地所有权和用途不变的前提下，大力推进经营机制转换，按照先管护承包后流转的原则，以林权制度改革推动分类经营。扎实稳妥推进管理体制改革工作，按照国家可持续发展战略和建设生态文明的要求，建立起适应社会主义市场经济要求、符合局情林情、权责利相统一的国有重点林区管理体制，将森林资源管理、社会管理两项行政职能与企业经营管理职能分离，实现"政企分开"，组建国有林区管理局和森林经营公司，形成林区森林资源管理、社会行政管

理与企业经营管理"边界清晰、双轨运行"的管理体制和经营机制。

（二）大力开拓国内外市场

抓住黑龙江省建设"龙江丝路带"机遇，加大对外开放力度。广泛对外联系，寻求境外经济合作项目，充分发挥林业局有与俄罗斯合作采伐林木的经验、有一大批赴俄工作过的管理干部和技术工人的有利条件，拓宽与俄方的合作领域，重点探索对俄森林采伐、木材加工合作以及木材过货贸易项目，开辟劳务输出和发展项目途径，达到缓解局内木材需求矛盾、盘活资产、转移人员、职工增收、企业增效的目的。各林产工业厂家要实现两头在外即木材原材料采购在俄罗斯，产品销售在欧美以及东南亚等国的市场开发目标。要通过招商引资对林业局现有的产业、项目进行嫁接改造，重点在林副产品、农副产品深加工、旅游开发等领域扩大招商规模，加快产业化建设步伐，拉动林区职工就业，促进林区经济和社会全面发展。要采取合资合作股份多种措施招商引资，加快产业项目建设进程，力求在旅游产业、山特产品精加工、粮食深加工、绿色环保项目上实现突破。龙林木结构公司要加大市场开发力度，并把重点放在内蒙古、四川、云南、湖南、海南等旅游景区。建筑公司、机械厂要继续开辟外埠建筑市场和拆迁市场，搞好多渠道推广营销，提高影响力、竞争力，在国内大市场中站稳脚跟，求得生存。

（三）大力推进"互联网+"市场

要加快发展和壮大林区信息化网络建设。突出重点，主攻基础设施建设，加大对基础设施的投入，形成全局山上山下标准化的局域网络，强化信息资源和网络资源的开发与利用。要重点推进现代化信息技术在经济和社会各领域的应用，以现代化信息技术应用和信息化发展为核心，政务信息化以企业管理信息化为目标，通过计算机网络互联，实行机关办公自动化。强化已开通的绥棱林业局互联网＋森工云平台，打造形成全国知名的互联网＋旅游＋文化产品＋林副产品＋林工产品相互促进的交易平台，促进林业局网络化建设提档升级。

（四）依托局址生态，发展森林康养

调研组通过实地调研，发现局址的确具有一个非常良好的生态环境，空气质量非常高，让人觉得"生活在公园中"。局址森林小镇具有如此生态禀赋，十分适合发展森林康养产业。下一步，要遵循森林休闲养生理念，加大对森林公园、湿地公园、自然保护区等各类森林景区生物多样性保护，以及对具有一定历史渊源、文化内涵、景观优美和经济效益的森林群落的保护力度；加强通道沿线、水系两侧、乡村周边的绿化美化彩化，改善生态人居环境；加强森林抚育、林相改造、景观提升，大力栽植培育珍贵树种资源，推进珍贵彩色健康森林建设，有针对性地采用补植阔叶树种或彩色树种以及芳香（花卉）类植物等方式，在种类、色彩、层次、空间、季相等方面进一步丰富和提升，着力建设景观优美、林相优化、生态优良的彩色健康森林。将森林康养产业发展基地的基础设施建设纳入当地政府工作计划，全面梳理交通运输、接待设施、安全设施、导引系统、水电网络、节能环保等基础设施存在的短板，结合产业发展规划进行建设和提升。积极鼓励各类市场主体依法通过承包、租赁、股份合作经营等形式参与森林康养产业基地基础设施建设。

（五）推进大众创业、万众创新，完善人才创新激励机制

构建有利于大众创业、万众创新的政策环境、制度环境和公共服务体系。鼓励科研人员创业，支持机关事业单位专业技术人员在职创

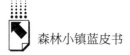

业、离岗创业。鼓励职工成立林业合作社和林业产业化公司创业，支持职工自主创业和外出务工人员返乡创业。以林业局青年创业者联合会为主体，大力发展微商电商，形成展示直销、物流配送、电子商务为一体的销售体系。深入落实黑龙江省委省政府《关于建立集聚人才体制机制激励人才创新创业若干政策的意见》，完善科技人员创业股权激励政策，提高科研人员成果转化收益分享比例，让科技人员在创新活动中得到合理回报。大力引进高端人才，特别是林业技术、森林旅游、旅游营销类人才。

（六）创新融资模式，保证森林小镇建设资金

局址森林小镇建设可以调动各类投资主体多元化、投入项目的多元化和资金来源渠道的多元化，从而保证森林小镇建设资金的充足。森林小镇可以利用 PPP 模式进行项目开发，也可以通过项目融资，比如产品支付、融资租赁、BOT 融资、ABS 融资等融资方式。在此过程中，可以将私营企业中的效率引入公用项目，极大地提高项目建设质量并且加快项目建设进度。

B.8

"多功能"森林小镇建设实践*

——湖北省太子山森林小镇调查

摘　要： 森林小镇的建设以生态资源为重点，通过对森林资源的深入发掘，形成多方位、多功能的小镇产业模式。作为森林小镇建设的先行者，湖北省太子山林场以"改革创新"为基本理念，始终以自身产业转型为抓手，坚持产业结构的优化升级，发展具有自身特色的多功能项目，成为森林小镇建设的探路人。本课题组通过对湖北省太子山森林小镇的深入调研发现，太子山森林小镇建设结合国家乡村振兴战略和森林康养产业发展现状，坚持以"森林康养"为核心，以"读书、运动、养生、狩猎、探险"等为主题，打造以生态旅游为基础，康体养生为特色，狩猎文化浓郁的旅游产品体系，将太子山建设成环境优美、产品独特、设施完善、文化浓郁的全国知名特色森林小镇。这一举措不仅为小镇的发展提供了新的动力，也带动了居民的就业，提高了人们的生活水平。太子山森林小镇获得了"湖北省森林城镇""十大荆楚最美小镇"称号和"2016 中国乡建探索奖"，入选全国首批国家森林小镇建设试点，获 2018"湖北旅游十大新发现"荣誉，这

---

* 调研组：倪建伟，调查组组长、发展中国论坛学术委员会委员，浙江财经大学教授、博士生导师；朱峰，浙江财经大学研究助理；杨富合，浙江财经大学研究助理。本报告执笔：杨富合。

对于森林小镇建设的实践具有参考价值。下一步，太子山森林小镇应在利用自然森林资源发展"旅游、读书、养生、狩猎、探险"等产业的基础上，加大对自身资源的整合力度，提高资源利用效率，坚持技术创新，增强资源的开发深度，保护小镇的生态平衡与生物多样性，为小镇的发展提供持续的动力。

关键词： 国有林场　森林小镇　模式创新　特色产业

在 2019 年全国"两会"上，习近平总书记强调"要保持加强生态文明建设的战略定力，要探索以生态优先、绿色发展为导向的高质量发展新路子"。在与内蒙古代表团代表对生态文明建设进行交流时，习近平总书记提出"生态建设要持续推进不动摇，在绿色发展理念指导下倒逼高质量的发展，需要认清的是不能以牺牲环境为代价换取经济的发展，要以绿色、集约型发展方式取代粗放型经济发展方式，依靠的是产业升级和科技创新，而不是资源消耗和环境破坏"。习近平总书记在生态文明建设方面的新思想、新观点、新论断启示我们要正视目前经济发展的现状，正确处理好经济发展同生态环境保护之间的关系，找到经济发展与生态保护的共赢之路。

从现实情况来看，以森林资源开发为特色的森林小镇建设已经受到越来越多的关注，现已有部分地区在森林小镇建设上卓有成效。森林小镇与生态文明建设紧密相连，森林小镇的形式符合全国"两会"对于生态文明建设的构想。森林小镇是特色小镇发展的形式之一，其发展的重点就是在践行生态文明建设理念、绿色发展理念进行高质量发展的同时，找到自己的特色进行发展。然而，森林小镇信息交流平台的建设不够，森林资源整合深度与力度不足，森林小镇的"跟风"

等都成了亟待解决的问题。

由发展中国论坛和国家行政学院新型城镇化研究中心联合组建的调研组，于 2019 年 4 月 23 日至 25 日，对湖北省荆门市京山县太子山森林小镇进行实地调研，积极探索太子山森林小镇建设的基本路径以及其面临的挑战与问题，旨在为全国森林小镇的建设发展提供借鉴，同时为"两山理论"的进一步发展提供参考资料。

一 太子山森林小镇主要发展历程

太子山地处京山县西南部，与荆门市屈家岭管理区，京山县雁门口镇、石龙镇、钱场镇、孙桥镇、新市镇、石龙水库、大观桥水库接壤。太子山国家森林公园北倚大洪山，南接江汉平原，南北及东西跨度在 30 公里以上，总面积 7392.85 公顷。目前太子山林场总体规划面积 13.49 平方公里，核心区域面积 2.43 平方公里，林场森林覆盖率为 79.97%，拥有绿化苗木基地约 1000 公顷。拥有常住人口约 2200 人，在职员工 499 人。

太子山独特的地理环境为动植物的生长创造了良好的环境。目前，太子山林场中繁衍着兽类、鸟类、鱼类、禽类、昆虫多达 200 种，动物种类繁多。同时，太子山国家森林公园主要植被为常绿针阔叶林、落叶针阔叶林，乔灌树种有 138 科 204 属近 400 种，形成了"百兽林中栖，万鸟树上飞"的和谐自然环境。

（一）全面绿化荒山道林，加强森林资源培育（建场初至20世纪80年代初期）

林场建场初期贯彻执行"以林为主，林粮间作，因地制宜开展多种经营和综合利用，达到以场养场"的方针。1963 年以后，林场通过贯彻中央"调整、巩固、充实、提高"的方针，提出"以林为

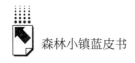
主,适当开展农副业生产",优先发展用材林,大力培育马尾松,主要荒山在这个时期得到绿化。林场用事实改变了专家对"马尾松南种北移不得超过 2～3 度"的定论,形成了一套马尾松种植技术,为全国森林林场的马尾松种植提供借鉴。

"文化大革命"期间,太子山林场大面积营造杉木,转变了对"江北不长杉"的认识,逐步形成了现在的八大片杉木速生丰产林基地。党的十一届三中全会后,林场正确执行"以林为主,多种经营,全面发展"、"把林场办法、办活、办富"的方针,推行完善承包责任制,调整产业结构,把职工权利有机结合起来,开始放慢造林速度。至此,太子山林场的造林阶段基本完成。

专栏 8-1

太子山造林工程

从 1958 年起的五年内,太子山林场共造林总面积 108893 亩,其中马尾松 32209 亩,桃李梨 3844 亩,油茶 19139 亩,油桐 5906 亩,板栗 1507 亩。1963～1974 年累计营造马尾松 62816 亩,1973～1977 年引进火炬松、湿地松,营造 11000 多亩。1992 年后建成以香樟为主的苗木基地 5000 亩。

1958～2006 年,林管局造林面积累计达 257196 亩。从 1959 年开始,在各分场调查的基础上进行造林设计,用材林规划面积达 80%,其中针叶比例为 60%,阔叶比例为 40%,共计 212172 亩;经济林的面积占 20%,从 1958 年至 2001 年,林场共造经济林 40096 亩。

资料来源:调研组实地调研。

(二)改变单一产业结构,产业从单一走向多元(20世纪80年代初至90年代后期)

1984 年,太子山林场提出"三抓三调整",即抓林业,调整林种林龄结构;抓工业,调整产业结构;抓人才,调整知识结构。林场先后办起机械、制药、建材、家具、化工等工业项目,生产50多种工业产品,改变了单一的产业结构,为产业的多元化发展奠定了基础。同时,二十多家企业的成立,也吸收了太子山林场大量剩余劳动力,为林场职工提供大量的就业岗位。

1986年,太子山林场成立工业办公室,负责贯彻执行国家有关工业发展的方针、政策和国家法律、法规,并对林场工业建设状况进行督查,协调好工业企业单位与职工的关系。

1993年,林场提出紧紧围绕把林场资源搞多、经济搞活、职工搞富,在保证森林资源增长的同时,把林场的工作重点转移到加工上,扩大加工业,同时兴办第三产业,走科、工、贸一体化道路。

表1   1981~1994年太子山林管局组建工业企业一览

企业名称	组建时间	组建单位
林工商联合营业部	1981.11	林管局
制药厂	1982.5	林管局
雁门林场第二碎石厂	1985.1	石龙、雁门林场
化工厂	1985.5	石龙林场
仙女林场大理石厂	1986	仙女林场
雁门林场水泥砖石厂	1986	雁门林场
仙女林场食用菌厂	1986	仙女林场
石龙林场宋棚碎石厂	1987	石龙林场
家具厂	1989.1	林管局
太子药业公司	1993.4	合资公司
三峡白龙潭碎石厂	1994.5	王岭、雁门林场
雁门林场块石厂	1994.5	雁门林场
柳林建材公司	1994.7	石龙、仙女、雁门林场
粮油加工厂	1994.11	石龙林场

（三）整体优化产业结构，增强经济发展动力（20世纪末期至当下）

1998年，太子山林场确定"稳中求进，紧中求活，快中求好"的方针，提出"一年理顺打基础，二年起步图发展，三至五年建成效"的发展战略。太子山林管局适时进行"三项制度"改革，内强素质，外树形象，围绕市场抓调整，立足资源搞开发，调整结构强林业，实施"三改"兴工业，搞活三个产业，大兴基础设施建设，形成了林业、工业、旅游业、花卉苗木业、木材加工业等产业齐头并进、共同繁荣的局面，整体优化太子山林场产业结构。

在新的历史时期，林管局党委提出"巩固二次创业成果，建设生态型、富裕型、文明型和谐小康林场"的战略构想，实施"科技推动、市场带动、项目拉动"，鼓励发展民营经济，扶持职工家庭产业发展，拓宽职工就业渠道，深化森林资源培育，提升林场发展后劲。通过这些方式，太子山林场化解了社会主义市场经济影响下老工厂经济效益下滑、倒闭的问题，盘活太子山林场的经济发展动力，为林场的发展提供了不竭的力量。

二　太子山森林小镇建设的基本做法与成效

2017年4月，湖北省人民政府为贯彻落实党中央、国务院关于推进特色小镇建设的建议出台《关于加快特色小镇规划建设的指导意见》（以下简称《指导意见》），明确牢固树立和贯彻落实"创新、协调、绿色、开放、共享"的发展理念，规划建设一批特色小镇，打造一批集产业链、投资连、创新链、人才链于一体的创新创业生态系统，形成一批生产、生活、生态有机融合的重要功能平台，加快培育新的经济增长点，促进经济转型升级，推动新型城镇化建设。根据

《指导意见》，湖北省力争通过 3~5 年的培育创建，在全省范围内规划建设 50 个产业特色鲜明的国家及省层面的特色小镇。其中，新建类特色小镇原则上 3 年内要完成固定资产投资 20 亿元左右，改造提升类要完成 10 亿元以上，国家级和省级扶贫开发工作重点县可放宽至五年，投资金额可放宽至 8 亿~10 亿元。为响应省政府的号召，太子山林场在森林小镇建设方面进行了初步的探索，并且已经取得一定的成效。调研组就目前太子山森林小镇的建设情况进行了深入调查，形成了对其基本做法与成效的总体认识。

（一）"三纵三横"交通优势突出

太子山森林小镇以深厚的森林资源为依托发展出了具有自身特色的生态品牌，同时太子山还拥有良好的基础设施建设，交通优势明显。太子山林场两侧紧邻随岳高速、襄荆高速，武荆高速公路由东向西穿境而过，并与太子山互通。此外，林场还自主投资或与他方合资修建了横岭集至王岭林场公路、横岭集经鸡笼口至仙女林场公路、系五三渠道桥至石龙水库渠道桥公路、砖瓦厂至王莽东景区水泥路。

自建场以来至 20 世纪 90 年代初，太子山林场基本形成了"三纵三横"的交通建设基础格局，这一格局的形成首先为太子山林场居民职工的出行提供了便利、其次促进了林场与外界的交流，对林场招商引资，加强多方合作起到支撑作用、最后也使林场森林旅游业中游客的进出、苗木花卉及森林食品产业产品的对外销售更为便捷，为太子山森林小镇知名度的提高做出了巨大的贡献，成为太子山森林小镇的一大特色。

（二）"一户一品"挖掘本土资源

太子山林场在调整产业结构，加快产业转型的同时，不忘民生的发展。近年来，小镇以提高林场居民及职工收入，提高人民生活水平

为目标，着力"一户一品"的建设，将其作为小镇的幸福产业之一予以重视。

"一户一品"即一家拥有一个项目，且每一个项目都与小镇的产业息息相关、紧密相连。房屋改造按照小镇居民宜居与旅游宜业的需要，因地制宜、因人而异，一户一景、一家一色，精品改造与一般改造相结合，改善居住型与改造经营型相结合，改扩建与新建相结合，公共设施改造与居民房屋改造相结合，景观改造与景点改造相结合的原则，使房屋功能与美观更好地融合，达到小镇房屋外观建设风格典雅别样，内饰精致、古朴、优雅，推动居民自居与产业发展融合。

"一户一品"涉及产业多种多样，包括动物养殖、苗木花卉修剪、民宿、食品加工等产业，这一方式，使得林场居民职工在拿工资的同时还能得到额外的收入，有利于改善其生活条件，提高职工的劳动效率，切实助力小镇的发展与建设。

（三）打造特色景点，丰富旅游资源

太子山森林小镇在建设中，注重加强文化创作交流基地、王莽洞景区、狩猎文化主题乐园、仙女紫薇园、龙台月季园等景区景点的建设，合力提升旅游整体实力，为小镇的发展奠定坚实的基础。

1. 文化创作交流基地建设

湖北文化创作交流基地项目省委省政府支持中国农谷核心区发展，落户在太子山的省级文化与旅游产业相融的重点项目，总规划面积3000亩，计划投资8.3亿元。规划核心理念：突出原生态和荆楚文化特色，立足文化展示、文化创作与交流、文化论坛、文化研究、艺术教育，拓展文化价值，有机融合生态旅游、现代林业和传统文化，打造成为"湖北样板、全国一流、国际知名"的文化创作交流基地。目前，基地一期项目"三村一所"—画家村、作家村、音乐村及创作交流会所工程已全面完成。

2. AAA 级王莽洞景区开发

AAA 级王莽洞景区是太子山国家森林公园核心景区，也是中国农谷核心区目前唯一的 3A 级风景区，总面积近万亩，于 2001 年 3 月对外开放，开发有森林观光、溶洞探险和科普教育实习等特色旅游产品。目前已建成森林氧吧园、樱花园、灵芝园、森林漫步道、森林科普园和户外帐篷露营地等项目，将景区发展为森林观光、地下探险、树上拓展、户外露营相结合的野外森林拓展基地。

3. 狩猎文化主题乐园营建

总规划约 6000 亩，计划投资 2 亿元，主要建设狩猎场、动物园、室内射击场、激光靶场、户外拓展基地、梅花鹿养殖基地、高尔夫训练场及其配套娱乐设施，提供主题明确、特色鲜明的狩猎系列产品，将其打造成华中地区独具特色的旅游项目。

4. AA 级景区仙女紫薇园建设

AA 级仙女紫薇园位于大子山林管局的仙女林场，小镇正积极探索走"花卉苗木 + 旅游观光"相结合的发展模式，将花卉苗木基地按旅游的理念做成景区景点。目前，在仙女林场规划建设 6000 余亩苗木放游园已经建成。观光示范园，其中以紫薇花种植、科研、繁育为主题的 1000 亩特色观赏园已经建成。

5. 龙台月季园景区建造

龙台月季园位于太子小镇西郊 2 公里，与太子山狩猎文化主题乐园为邻，规划总面积 1000 亩，已完成月季、珍贵树种栽植 200 亩，月季观赏道建设 5000 米，引进树状、藤蔓、地被等三大种类七个色系近 4 万株，成为太子山打造继紫薇花海后又一张亮丽的赏花旅游名片。

专栏 8-2

太子山林场主要项目概况

太子宾馆。1991 年动工，1993 年 11 月竣工。湖北省省林勘设计院设

计，砖混结构，东边3间4层，西边5层，建筑面积1945平方米，投资91.6万元。1998年，对第二、三层进行室内装饰，投资10.35万元2000年5月，对第四层进行室内装饰，投资11.6万元。2004年4月，对该楼进行改建及室内外装饰，增加建筑面积140平方米，投资151.2万元。2004年7月，由局后勤中心对室内卫生间进行改造，投资8万元。

太子山庄。1990年底动工，1991年冬竣工，建筑面积542.6平方米，砖混结构，投资15万元。2002年9月，由湖北富林装饰有限公司对其改建、装饰，将大厅增至2层，增加面积74.4平方米，投资79.1万元。

餐厅。1992年初动工，1993年11月竣工。建筑面积615.15平方米，砖混结构，投资28.97万元。2000年，林管局投资25.11万元，对其室外及二楼会议宅装饰。2003年3月，由湖北富林装饰有限公司对其改建和装饰，增加面积62平方米，投资33.5万元。

资料来源：调研组实地调研。

三 太子山森林小镇建设的基本经验

（一）森林资源与特色建设相结合

通过对太子山森林小镇的实地调研，可以发现太子山森林小镇建设的成功不仅在于其坚持科学的理论指导，践行生态文明建设理念，更在于其在贯彻落实"创新、协调、绿色、开放、共享"的发展理念的基础上，坚定不移地依托自身森林资源优势发展特色产业。太子山森林小镇建设依山就势，突出"森林"特色，以现有的三纵三横的路网布局为基础，围绕太子山森林小镇读书、运动、养生总体定位，发展文创、养生、探险等特色产业，其中尤以"狩猎"这一特色最为突出，狩猎文化主题乐园的建设，是小镇在产业上的一个突破。狩猎场、室内射击场、猎人学校的建设，使狩猎文化主题乐园实现了从知识科普、技巧教育到实地狩猎的衔接，也将其打造成华中地区独具特色的旅游项目。太子山特色森林小镇建设诠释了突破原有格局，实现特色发展的重要性，为全国森林小镇的特色化建设提供了很好的借鉴。

（二）总体规划与职工意愿相结合

把职工业态发展要求融入总体规划之中，使外观改造不是简单地穿衣戴帽，而是根据职工家庭需求，进行居住性改造和产业性升级，并适时引导培训，增强职工信心，通过"一户一品"的方式，将职工与小镇紧密联系在一起，逐步提高职工收入，增强职工幸福感。

专栏 8-3

职工产业"幸福"建设

职工医院。1976 年底，林管局于横岭集雁门路东，王岭路北建办公楼 1 栋，2 层砖混结构，建筑面积 1060 平方米，投资 27.57 万元。1999 年 7 月，改为局职工医院。2006 年，林管局对职工医院进行装修改造，加盖屋顶，投资 47 万元。

子弟学校教学楼。1998 年 3 月动工，同年 9 月竣工。建筑面积 994.9 平方米，33 层砖混结构，有教室 12 间，办公室 3 间。投资 43.08 万元，其中教学楼投资 286 万元，室外工程投资 1.54 万元，黑板及课桌投资 4.68 万元。

职工住宅楼。制药厂建楼 3 栋，总面积 3700，共投资 113.82 万元。林科所建楼 1 栋，建筑面积 918 平方米，共投资 17 万元。石龙林场住宅楼建筑面积 2384 平方米，投资 115.4 万元。

资料来源：调研组实地调研。

（三）小镇建设与景区改造相结合

在调研的过程中可以看出，在进行小镇建设的同时，林场同步改造王莽洞景区、狩猎文化主题乐园、文化创作交流基地、仙女紫薇园、龙台月季园、大子花田等景区景点建设，还将规划建设龙台采摘园、越野赛车场、仙女景区等配套项目，小镇每一块区划的建设与景区的建设紧密相连，不断丰富旅游产品，提升小镇旅游吸引力，塑造以太子山森林小镇为主体的森林生态旅游社区，形成"镇在林中、路在绿中、房在园中、人在景中"的生态家园和生态旅游名镇。

（四）小镇经营与产业发展相结合

太子山小镇近两年来通过调整产业结构，重点发展森林生态旅游业，大力实施"一主两翼、多轮驱动"战略。借助林场林地茂密、动植物种类繁多的优势，积极发展生态旅游、苗木花卉、森林食品、养生地产等产业。通过森林旅游业主体带动，苗木花卉与森林食品产业支撑发展，力争把林场场部和基地建成花园和景点，扭转过去发展单一的局面，形成多元化发展格局，让小镇真正成为产业发展的发动机和孵化器。

专栏 8 - 4

太子山产业建设重点规划布局"一主两翼"

"一主"，即以森林旅游业作为太子山林业转型的主导方向，出台了《太子山森林旅游业发展实施意见》《太子山旅游名镇建设政策鼓励办法》等相关鼓励政策，积极培育发展旅游产业。对此，林场以自然山水、森林景观、天然溶洞、林区现代文明、农林科技成果为主体，合理开发旅游资源，大力开发人文景观，突出山林野、地方特色和林场建设成果，逐步建成集观光旅游、森林探险、度假休闲、健身康养、科普教育、生产科研等多功能于一体的森林生态旅游胜地。

"两翼"，即以苗木花卉、森林食品作为森林旅游产业的衍生产业，对其起支撑作用。太子山在发展的第一阶段以培育森林资源为主，乔灌树种有138科204属近400种，同时，太子山良好的地理环境也给了各种动物栖息之所，其中繁衍着的兽类、鸟类、鱼类、禽类、昆虫多达200种，并且太子山拥有肉鹿养殖场，通过对动植物的深加工，形成了自身的森林食品特色产业。

资料来源：调研组实地调研。

（五）多渠道投资与多元化筹资相结合

太子山林场主要通过土地入股、招拍挂、租赁、企业合作四种模式吸引资金，对不同的项目采取不同的模式，实现多渠道投资和多元化筹资。在四种模式的作用下，林场得到了政府投入基础设施建设资金6000多万元，产业发展贴息贷款2000多万元，客商投资项目近3亿元，出台每户给予3万~4万元奖励补助资金、单位担保为每户职工争取财政贴息贷款5万~10万元等鼓励政策，引导职工参与小镇建设，投入资金近2000万元。实现了单位投资与引导职工投资、争取财政投资、金融单位融资和市场招商引资的有机结合。

专栏8-5

太子山森林小镇筹资的四种模式

（1）土地入股。将土地所有权与使用权分离，将土地使用权和投资者的投资共同组成一个公司或经济实体。太子山林场将文创基地对外实行土地入股，每一亩地作价2万元，由省文化产业促进会斥资

1500 万元，太子山林场占 40% 股份。文化创作交流基地从 2013 年开始建设，到 2015 年底，一期工程建成，市值将近 3000 万元。土地入股的方式增加了林场土地的价值，有助于文化创作交流基地产业的建设。

（2）招拍挂。指对于经营性用地必须通过招标、拍卖或挂牌等方式向社会公开出让国有土地。太子山林场将一些老厂房、废弃用地的土地共计 30 亩，每亩作价 10 万元对外进行招拍挂。通过这一方式，林场将目前不纳入规划的土地交由他方进行建设，在获利的同时，促进小镇的整体发展。

（3）租赁。指在约定的期间内，出租人将资产使用权让与承租人以获取租金的行为。太子山林场将狩猎场等地区的土地租赁于外部企业公司，共租赁使用林面积 6000 亩，租期 50 年，每一亩地年租金 50 元，租金按全国 GDP 增长同步增加。在这一模式下，林场在获得租金收入的同时，还能打造小镇的品牌特色。

（4）企业合作。太子山林场通过签订合同或协议的方式，促使企业公司对林场的校区、医院的土地进行开发，改善基础设施建设状况，且合同期限到达后，其中的建设产品或土地所有权仍归林场所有。

资料来源：调研组实地调研。

（六）"走出去"拓宽视野和"请进来"解放思想相结合

林场先后邀请国家林业局干部管理学院、中国林科院、北林大、亚林所、省发改委、省委党校、北京绿十字等单位专家教授，在太子山开展 12 次集镇建设和产业融合发展讲座。组织 10 多次近 500 人的干部职工队伍，到四川成都、河南郝堂、浙江乌镇、广东珠海、武汉昙华林、十堰樱桃沟、广水桃源等地参观学习，拓宽视野，转换观念，激发活力。

四 太子山森林小镇建设中存在的问题与挑战

总体来说，太子山森林小镇经过 62 年的发展，成效十分明显。随着我国经济发展水平的提高，对森林小镇的发展提出了更高的要求，在这一背景下，太子山森林小镇建设富有成效的背后也表现出后劲不足、发展不充分的问题，同时，小镇也将会迎接更多的挑战。

（一）资源的整合、有机衔接不足，尚未形成知名品牌

太子山森林小镇目前形成多产业共同发展的模式，包括读书、养生、运动、探险、旅游等多个产业，同时也根据这些产业形成了文化创作交流基地、王莽洞景区、狩猎文化主题乐园、仙女紫薇园、龙台月季园、太子花田等一系列景区。然而，各产业、景区之间的联系不强，产业与景区各自独立发展的趋势十分明显，没有形成一个有机、循环、可持续的发展模式，总体资源的整合力度不高，导致长期以来游客对太子山国家森林公园形象认知的模糊和缺乏，使小镇自身品牌形成困难。

（二）资源的利用效率、挖掘深度需要提高

太子山森林小镇目前着力于生物景观类景点的发展，对于人文景观类景点的发展力度有待加强。太子山林场在拥有丰富森林资源的同时，也拥有不弱的人文景观优势，如王莽洞景区、丢石点兵堆、圣人岭、瓦庙集战斗遗址等。然而，此类人文景区除王莽洞外其他景点并未列入重点发掘的项目内。同时，林场对王莽洞景区的开发仍能进一步深化，如今，小镇对王莽洞景区的开发仅限于游览、观光，并未发展出更深层次的配套产业。

（三）资金投入严重不足，投资环境亟须优化

太子山森林小镇处于国有林场改革时期，建设森林小镇政策支持力度小，面临资金总量有限、专项资金不足、配套资金缺乏等问题。同时，林场属于事业单位，无法直接在税收减免、用地审批上为招商企业给予优惠，一些地方性招商引资的相关政策，必须与地方政府协调解决，面临着新客商优惠政策不足、老客商后续服务政策不够等投资环境不优的问题。

（四）经营人才匮乏，激励机制不足

目前太子山森林小镇人口老龄化现象严重，建设国家森林小镇面临专业人才少、激励机制不新、积极主动性不高的问题。现如今，森林小镇中的工作人员大多学历较低，不利于小镇体制机制的创新。林场的发展需要新人才的涌入，并且需要人才能够在林场中长期工作下去，这样才能够为林场的发展提供持久的动力。

（五）政策支持力度不够，项目落地难

太子山森林小镇作为"湖北森林城镇""养生基地"却没有相应的配套政策。目前，太子山急需鼓励积极性的奖励性政策调动整体活力，需要政府加大政策支持。此外，省、市、县政府建设用地及项目批复进程缓慢，给项目及时落地造成了极大的阻力，造成了项目完成时间紧与项目许可落地难的问题。

（六）信息不对称，建设走"弯路"

太子山森林小镇在建设中多依靠林场自身的意见与建议，在森林小镇的建设中因为信息的不对称经常会走"弯路"。全国森林小镇建设必然在产业经营、技术研究、总体政策上存在差异，而这些差异正

是宝贵的经验，可以让其他的森林小镇少走许多弯路。目前我国并未建立健全的森林小镇信息交互平台。各个小镇只能处于独自摸索阶段，太子山森林小镇除了有意外出勘探、实地调研外，很难知道其他小镇的发展情况以及经验。

五　促进太子山森林小镇建设的对策与建议

（一）加强产业联动，促进知名品牌塑造

在森林小镇建设过程中，要加强各产业之间的联动，不断优化产业结构，将产业发展由单个、粗放型转变为整体、集约型，通过旅游康养行业的引领，结合运动探险的新奇，辅之以读书的休闲，形成一个循环发展的联合产业模式，为经济发展提供不竭的动力，同时为自身品牌的形成奠定基础。

（二）"景点联合"提高资源利用广度、深度

王莽洞景区作为 AAA 级景区仍有极大的开发潜力，林场可出台配套基础设施建设政策，通过政策引领加大对王莽洞景区及其他景点的开发力度。首先，王莽洞景区可通过解说、戏曲等方式对王莽的背景故事进行生动的介绍。其次，王莽洞景区可通过历史与其他人文景点进行串联，加强人文景点的联动。最后，文化创作交流基地与王莽洞景区联合，再现汉朝繁荣文化，通过文艺的方式展现西汉的风情。

（三）拓展融资渠道，精简办事流程

要化解资金不足的状况，必须正确处理好林场改革与产业发展的关系，妥善解决资源保护和利用之间的矛盾，积极拓展融资渠道。首先，坚持并完善"四个模式"，稳定现有投资，找寻更多投资方。其

次，加强小镇特色宣传与信息沟通，增进与合作伙伴之间的信任。最后，事先确立合作基本章程，为后续合作商议打下基础。

（四）创新机制，吸引人才，加强文化建设

太子山森林小镇需加强与本地政府的协商，在征地费用返还、招商引资企业税收返还等方面给予政策优惠。

首先，创新激励机制，在保障职工基本工资的前提下，对其工作状况进行考核，择优予以奖励，提高小镇发展积极性。

其次，放活政策，拓宽门路，通过市场行为，吸引各类人才，为小镇建设提供智力支撑。

最后，在小镇建设中注重文化娱乐活动的开展，开设知识技能培训班，提升居民、职工的思想道德与科学文化素质。

（五）统筹项目要求，进行"标准化建设"

太子山森林小镇在将土地项目规划报给政府进行批准时，可以首先确定该项目的产业定位、产业产值、单位消耗、生产标准等一系列标准，在报告提交过程中可以为各部门的审批提供方便。这一方式可以大大减少政府的批示流程，加快项目落地速度。这一改革可以提高土地利用效率、项目完成速度。

（六）积极同其他森林小镇建立联系平台

太子山森林小镇可向上级政府提交报告，明确建设全国森林小镇信息交流平台的重要性，获取政府的政策支持。在此基础上，太子山林管局可通过线下走访、调研的形式率先加强与就近森林小镇的联系，建立小范围交流平台，通过这一方式逐步扩大平台范围。森林小镇也可通过网络这一手段，将各自在建设中的经验与问题公布于网络交流平台中，互相借鉴，突破创新。

结　语

优越的地理条件和 62 年来的建设成就，为太子山森林小镇的未来奠定了经济和社会发展的良好基础，国内经济的蓬勃发展也为太子山的进一步繁荣创造了良好环境。可以预见，在全国大力倡导与支持森林小镇建设的背景下，各项资源利用的突破性进展，产品结构的合理调整，各产业之间的有效联动将会成为太子山森林小镇经济社会发展、居民收入与生活水平提高的强大推动力。

B.9
黄河古道边的森林小镇建设*
——山东省德百森林小镇调查

摘　要： 山东省德州市夏津县地处黄河下游冲积平原地区，没有高山地带丰富的林业资源，同时地处黄泛区又使得土地沙石化，难以种植树木。为探究黄河古道边的森林小镇建设，课题组赴山东省德州市德百森林小镇进行实地调研，调研组认为：德百森林小镇依托全球农业文化遗产，通过企业经营的创新模式，建立起当地和外地特色融合的、具有一定知名度的生态旅游特色小镇。目前，德百森林小镇已取得初步成效，但是在规划设计、基础服务、文化挖掘、对外宣传等方面仍需继续努力。为此，调研组建议：着手进行经验的总结，明确制定三年或五年规划；全面建设基础服务设施，以人为本，提升游玩体验；加大对古桑树群的特色挖掘，进一步完善桑葚产业链；增设更多季节性项目，增强游客游玩的连续性；运用科技手段提升园区一体化水平，加强外部宣传。

关键词： 森林小镇　全球农业文化遗产　黄泛区

---

* 调研组：倪建伟，调查组组长、发展中国论坛学术委员会委员，浙江财经大学教授、博士生导师；杜逸文，浙江财经大学研究助理；张浩宇，浙江财经大学研究助理。本报告执笔：张浩宇、杜逸文。

习近平总书记系列重要讲话中指出，"我们既要绿水青山，也要金山银山"。2018 年 3 月 8 日，习近平总书记在参加十三届全国人大一次会议山东代表团审议时指出，希望山东的同志再接再厉，在全面建成小康社会进程中、在社会主义现代化建设新征程中走在前列，全面开创新时代现代化强省建设新局面；要深刻认识实施乡村振兴战略的重要性和必要性，扎扎实实把乡村振兴战略实施好。

在此背景下，以挖掘森林资源为特色的森林小镇建设受到越来越关注，已有部分地区正式启动森林小镇建设总体方案并取得一定成效，但同时也存在着不少亟须解决的问题。为研究森林小镇建设与发展相关问题，2019 年 3 月 28 日至 29 日，由发展中国论坛组建的"全国森林小镇评价体系与发展指数研究"联合调研组赴全国首批森林特色小镇夏津县德百森林小镇开展专题调研。

一　德百森林小镇建设源起与历程

山东省夏津县德百森林小镇建设起源于 2016 年，凭借着独特的桑树历史文化以及丰富的绿色资源，加以政府和企业的支持与帮助，经过历时两年的建设后，德百森林小镇于 2018 年 6 月 19 日正式开园。德百森林小镇是以"齐鲁印象体验地，宜居宜游椹仙村"为口号，以国家 4A 级景区黄河故道森林公园为辐射圈，以齐鲁民俗休闲体验为切入点，将传统民俗民风与夏津本地文化有机融合而打造的集吃、住、娱、购等多功能于一体的小镇。

（一）德百森林小镇建设的基础

德百森林小镇以生态绿色为根本理念，坐拥全球重要农业文化遗产夏津古桑树群。夏津黄河故道古桑树群拥有悠久的农业历史，其起源可追溯到黄河第二次大改道时期即公元 11 年。自此至今的 2000 多

年里，夏津黄河故道古桑树群见证了我国桑蚕文化的产生与发展，成为丝绸之路上重要的产业基地。

专栏 9 - 1

夏津古桑树群基本情况

德百森林小镇位于夏津黄河故道森林公园内，拥有得天独厚的林木资源。公园内主要树种为桑树，而夏津黄河故道古桑树群在 2018 年被评为全球农业文化遗产。

夏津黄河故道古桑树群是当地先民为抑制风沙、促进农业生产而在黄河故道的沙地上栽植并传承下来的，具有丰富的农业生物多样性、传统知识与技术体系和独特的生态与文化景观。夏津县桑树栽培历史悠久，规模庞大，最盛时期夏津境内有桑林 8 万亩之多，历史记载"此间树木繁盛，援木攀行二十余里"。由于历史上古桑树群几经浩劫，现遗产地范围内仅遗存古桑林面积 1500 多亩，百年以上古桑树 11600 余株，分别占全县古桑树总面积的 91% 和总株树的 82%。植被以混交林为主体景观，有 55 科 117 属 210 种；野生动物资源丰富。

德百森林小镇内的夏津黄河故道古桑树群拥有种类繁多的绿色资源，为当地的森林小镇建设提供了必要的生态资源支持。除了桑树之外，德百森林小镇还有梨树、杏树、枣树等果树；粮食作物小麦、玉米等；经济作物棉花、花生、芝麻等，其中尤以棉花为多，素有"银夏津"之称。据在当地的调查统计，目前系统内种植的粮食作物有 5 种，经济作物达到 38 种。多样的生态系统可以防止风蚀、固沙保水、改良土壤、净化空气以及调节气候，为德百森林小镇的建设与发展提供了坚实的生态基础。

表1 古桑树群果桑品种多样性

来源	品　种
当地传统	大紫甜、白子母、白椹、冰糖椹、草莓椹、大白椹、大绿椹、大青椹、晚熟椹
外来引进	大"十"、红果2号

（二）德百森林小镇建设的萌芽

与所有的农业生态系统一样，德百小镇镇域内古桑树群生态系统的稳定性和生产效率也常受自然因素（如生态系统演替、气候变化、病虫害发生）和人为因素（如管理不当、过度掠夺）的影响。此外，随着小镇不断扩张、工业化的影响以及经济利益的驱动，部分古树遭到砍伐，替代为速生杨树、农作物或工厂。德百小镇古桑树群周边环境和古桑树群落结构本身都遭到不同程度的破坏，古桑树群生态系统的稳定性和多样性遭到破坏。因此，德百小镇镇域内的古桑树群资源需要加以保护和利用。

随着森林小镇建设的逐步发展，民营企业在森林小镇建设中的作用也在逐渐增大。作为山东省多业态综合性商贸流通的龙头企业之一，德百集团率先做出尝试，斥资32亿元在夏津黄河故道内建设德百森林小镇，并聘请上海规划局为小镇的建设做出初步规划。小镇于2018年6月正式对外开放，经过大半年的经营与管理，小镇的规模也在逐渐扩大，游客对于小镇的评价较高，小镇建设并取得一定的成效，为企业参与森林小镇建设树立了良好的榜样。

专栏9-2

山东德百集团基本情况

山东德州百货大楼（集团）有限责任公司（简称：山东德百集团）系全国商业服务业十佳企业、中国商业联合会副会长单位，是

一座集百货家电、超市连锁、购物中心、家居建材、物流批发、餐饮旅游、综合体开发为一体的多业态综合性商贸流通集团。下辖企业有德百大楼、华联商厦、澳德乐时代广场、超市公司、家居广场、物流批发城、齐河德百广场、夏津德百温泉度假村、夏津德百广场、宁津德百广场以及在建的夏津德百商贸城、武城德百综合体等。现有职工14000余人。

近年来，德百集团在德州市委市政府的正确领导下，按照"做强做大主业，多元纵深发展"的目标，加快规模发展，调整经营结构，转变发展方式，积极应对市场竞争，实现了平稳较快发展的总体目标，连续多年稳居全国零售百强之列。

（三）德百森林小镇建设的初步尝试

德百集团在夏津黄河故道森林公园内先后建设了德百温泉度假村和德百森林小镇七大板块中的齐鲁印象体验地，是德百森林小镇的建设的初步尝试。

自2006年开发建设以来，黄河故道森林公园先后被评为国家AAAA级旅游景区、省级森林公园、山东省十大生态旅游景点。经过十余年的发展，黄河故道森林公园已初具规模，基础设施逐渐完善，"一带两区十园"的布局基本形成，当前公园已经建成旅游风景公路42公里，步行道28公里。桥涵34座，停车场9万平方米，游客中心3000平方米，商品中心1000平方米。标识牌、指示牌500多块，标示系统完备。饭店餐馆50多家，日接待能力5000人次。

德百温泉度假村坐落于国家4A级旅游景区黄河故道森林公园内，南距离青银高速9公里，北距德州50公里。现有星级度假酒店、景观园林、大观园生态餐厅、室内温泉、室内游泳馆、大型室外温泉、康体养生馆、三百生态游乐园、培训中心、颐养中心等项目。酒店内配备酒吧、KTV、私人影吧、棋牌室等项目的休闲娱乐场所——君隐时光。德百温泉是目前鲁西北地区规模最大、硬件设施齐全，集温泉旅游、餐饮住宿、会务接待、康体娱乐、养生度假、生态观光于一体的综合性温泉度假胜地。

二 德百森林小镇建设的主要做法与成效

德百森林小镇建设有序推进并取得了明显成效，调研组认为，其较为有效的做法为：挖掘特色，大力发展桑葚产业链；招商引资，做大做强三大产业；外来文化与本土特色汇集，促进文化融合。

（一）挖掘特色，大力发展桑葚产业链

1. 开展古树调查和挂牌保护工作

德百森林小镇积极配合夏津县政府组织有关力量，开展古树的调查工作，明确数量和户主，测量树高、胸径、冠幅等基本参数，摸清主要分布区域。完善古树统计登记信息，对遗产地古树逐株登记编号，采集图片、树龄、树高、冠幅、胸径、所在位置（GPS定位）、生长环境以及健康状态等数据信息，建立档案数据库。加强古树的病虫害管理，加大对大龄、已发生病害的古树的保护力度。根据农业文化遗产特点及夏津黄河故道古桑树群特色，按照保护与发展相关原则的要求，结合小镇的现状条件及发展优势，在德百森林小镇内设立古桑树群保护区。

2. 制定古桑树群相关保护政策

德百森林小镇积极响应山东省委政府提出的"关于进一步促进夏津黄河老路沿线古桑树群农业文化遗产保护和发展的建议"，在加强资源保护、加快桑树产业发展、促进产学研紧密结合等方面制定相关政策。同时，德百森林小镇配合夏津县政府委托中国科学院及相关

科研机构组织一支高层次、多学科的专家队伍，开展"古道桑群农业文化遗产保护与开发规划"工作，制定严格的保护农业文化遗产的行动计划、可操作的农业生态产品开发和可持续旅游发展措施，以及明确的文化自觉、决策参与、经营管理的能力建设方案。

表2　2016年夏津县主要农林产品面积和产量

主要产品	面积 (ha)	产量 (×10⁴kg)	主要产品	面积 (ha)	产量 (×10⁴kg)
桑葚	420.26	2700	枣	0.42	1.58
梨	0.91	0.73	山楂	0.16	0.6
杏	4.3	3.23	柿	0.52	1.56
李	0.19	0.57	地瓜	58	304.5
桃	16.1	60.38	花生	119.67	62.83

3.建设黄河故道古桑树群相关品牌

2014年，夏津黄河故道古桑树群相继被农业部和国家林业局列入中国重要农业文化遗产、国家森林公园和国家湿地公园，成为我国平原地区第一个国家森林公园和山东省第一个农业文化遗产。

德百森林小镇采用夏津县政府按照农业部中国重要农业文化遗产保护工作要求注册的夏津椹果地理标志证明商标延伸桑产品加工产业链，在加工生产东方紫酒、桑叶茶的基础上对桑树的药用功能进行研究与开发。

（二）招商引资，做大做强三大产业

1.重视初期规划，科学规划打造旅游景区

2017年2月，德百集团聘请上海市规划设计院为德百森林小镇设计规划建设方案，根据德百森林小镇的地理位置、气候条件、游玩需求等因素，以"齐鲁印象体验地，宜居宜游椹仙村"为宗旨，提

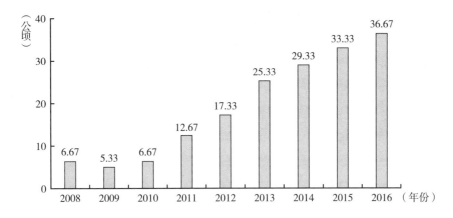

图1　2008～2016年遗产地不同年份新增桑园面积

出建设德百森林小镇七大板块的规划，包括齐鲁印象体验地、主题文化园、亲子园、康养基地、文体康乐园、拓展实战基地、汽车营地，为德百森林小镇未来的发展与建设明确了大方向。

2. 建立农村合作社，推进农产品的生产、加工与销售

夏津尚品园桑树产业合作社成立于2013年，合作社参与300多户1200余人，实行"合作社 + 农户"的经营模式，采用"统一供种、管理、服务、采摘、加工"的生产方式，桑树种植覆盖面积已达8000多亩。该社拥有全国规模树龄首屈一指的桑树群，树龄百年以上的有一万余株，并拥有百亩育苗基地，通过该社带动了当地农民种植桑树的积极性，建立了优质、高产的桑树种植加工基地，协调发展了地方特色种植加工业。从根本上保障了种植的利益，增加了农民收入，与农户建立了切实可行的利益联结机制，为夏津县现代农业的发展进行了新的探索和尝试，为小镇的产业发展做出巨大贡献。

3. 与高校合作，建立产学研平台

夏津县先后与中国科学院地理科学与资源研究所就农业文化遗产保护、可持续旅游、区域发展等问题签署了合作框架协议，与西南大学桑蚕国家重点实验室就桑蚕基因测序和保护、桑蚕多级利用、桑蚕

产业拓展等问题签署了合作框架协议。通过产学研平台建设，引进高层次科研力量，为黄河故道古桑树群的保护与发展提供科技支撑。通过多学科协同合作，促进了蚕桑基因技术研究、多形式产品研发和多元化产品发展，促进了桑文化产业发展；通过建立产学研同盟，提升技术创新能力，加快科技成果转化，推动了夏津桑产业品牌引领中国，走向世界。

（三）外来文化与本土特色汇集，促进文化融合

1. 从外地招收员工，开设"窄巷子"特色美食街

窄巷子美食街是一条明清仿古街区，占地1万余平方米，三纵三横陈列，拥有100余家特色店铺。这里汇集全国各地名优小吃，西区以山东地方特色小吃为主，东区包括陕西、湖北等地特色小吃。德百森林小镇为了将地道的地方特色带入小镇中，从外地招收员工，经营小镇中"窄巷子"美食街的商铺，最大限度地保留了当地和外地的特色美食，同时还原悠久的古运河码头街区和特有的"小桥流水""江南人家"风貌，融入现代时尚和生活元素，为前来游玩的游客提供了原汁原味的地方特色，为德百森林小镇的文化融合提供了一定的保障。

2. 借鉴地方特色，建设多宝楼等特色建筑

德百森林小镇着手于特色建筑的建设。镇域内包含了客家土楼、北京四合院、多宝楼、将军府等特色建筑，其中客家土楼、北京四合院为游客住所，多宝楼、将军府为游玩景点。多宝楼是一座五层全木结构楼阁式建筑，高32米，占地2380平方米，有两万余个木制构件，斗拱、飞檐、门窗均雕刻精美图案，各层均开门窗设外廊，通过内外两圈木柱支撑，高度逐层递减，外部轮廓亦逐层收缩，给人以轻盈挺秀之感。多宝楼重约2400吨，建筑宏伟，艺术精巧，外形稳重庄严，无论在规模与建筑结构上，在中国北方都屈指可数，具有较高

的艺术价值。将军府始建于清朝，全木质结构，青白石基，木雕画舫。将军府设三门，东正门迎贵客，南设"乾定门"，北设"永安门"，门梁雕有"郭子仪拜寿图""琴棋书画""王母赐子""打金枝"等经典故事。平日演绎当地经典剧目。此建筑气势恢宏，设计巧妙，布局繁杂，做工考究，汇集民间的福、禄、寿、喜、财等象征形象，被赞为"江北第一楼"。众多特色建筑丰富小镇的建筑类型，体现了小镇融合多元文化的特质。

3. 打造桑葚文化区，强调游客参与度

夏津桑葚有滋阴、养血、补肾等功效，可酿酒、榨汁、制糕等。这里的古桑树群被评为世界重要农业文化遗产。为弘扬当地文化，于此修建桑葚文化街，将桑葚系列产品及加工作坊置于其中，分为桑葚文化馆、葚酒加工区、葚茶馆、葚醋及一系列葚产业作坊。游客在游览的同时，也了解了夏津当地的桑葚文化。民俗体验街结合当地齐鲁民俗文化，强调游客的参与性、互动性与融入性，将各种加工作坊、手工艺坊融入其中，满足消费者的体验需求。主要包括织布坊、黑陶坊、剪纸坊、泥塑坊、油坊等。

三 德百森林小镇建设过程中存在的问题与挑战

调研组深入德百森林小镇进行调查，通过实地走访和访问座谈等方式发现德百森林小镇建设中出现了以下五个问题。

（一）规划设计过于粗线条，缺乏细致的未来展望

德百森林小镇自 2017 年 2 月开始规划建设，至今已达两年之久。德百森林小镇自规划伊始就有齐鲁印象体验地、主题文化园、亲子园、康养基地、文体康乐园、拓展实战基地、汽车营地的七大板块规划布局，但小镇目前没有针对主要项目的明确规划与时间安排。

（二）基础服务设施建设不到位，影响游客体验

1. 配套医疗设施严重缺乏，紧急状况无法得到快速解决

德百森林小镇的配套医疗设施稀缺。由于地处夏津黄河故道森林公园内，小镇现代化设施较少，整个镇域内没有医院，仅仅在小镇附近的前屯村和后屯村有两家私人诊所。当游客出现身体不适时，附近的小诊所不仅不方便，并且医疗水平十分有限，仅能拨打县医院的急救电话，呼叫救护车，导致错失最佳的救助时间。因此，小镇配套医疗设施严重缺乏的问题亟待解决。

2. 教育机构的数量、质量无法满足区域内学生的上学需求

德百森林小镇镇域内没有教育机构，而周边村落也只有初级教育，无法满足镇域内员工子女、居民的学习需求。同时，没有足够的教育机构意味着小镇难以有效地培养人才，也就无法留住人才，极其不利于小镇未来的发展。因此德百森林小镇务必要解决教育方面供需不平衡的问题。

3. 停车场数量不足，缺少定制路线的班车，交通极为不便

由于地理位置原因，前往德百森林小镇游玩的游客多为自驾游出行，而在每年暑期的旅游旺季期间，小镇内不到 2000 个停车位无法满足庞大的客流量需求。同时，由于没有开通旅游专线，小镇与德州市其他旅游景点的联系并不密切，难以形成联动效应。因此小镇需要尽快解决交通不便的问题。

（三）对于全球农业文化遗产的挖掘与开发不足

1. 桑树种植业没有有效利用，无法带动游客

德百森林小镇拥有全球农业文化遗产——古桑树群，拥有得天独厚的桑树资源优势。但是镇域内除了一家桑产品专卖店和一家果酒体制作验馆之外，没有其他相关产业。诸如桑树的种植、桑果的采摘、

桑葚干的加工等产业均未在镇域内展示，调研组认为这些能够带动人流量和经济的产业没有被发掘是不利于小镇经济发展的。

2. 葚果干、葚果酒等产品加工地距小镇较远

德百森林小镇所联手的夏津尚品桑树产业合作社厂址不在镇域内，小镇桑葚特色产品的产地也不尽相同，且与小镇相距较远，无形中带给游客"所购买的产品并非当地特产"的困扰，同时缺少游客对于葚产品的制作与加工的亲身体验，不利于游客对于小镇的二次宣传，缺乏令人印象深刻的游玩体验会导致小镇的长期经济效益递减，不利于小镇未来的持续性发展。

3. 桑葚产业目前对游客的吸引力较低，需适当创新

随着互联网的发展，单纯购物体验的吸引力越来越差，德百森林小镇中桑葚产业多为第一产业，无法形成有效的实地参观购物体验，所出售的产品大多可以在互联网上购买。与此同时，很多游客没有意识到桑葚及其加工产品所含有的营养及药用价值，对产品的认识太过于浅薄。因此小镇有必要对目前桑葚产业进行优化创新，区别于互联网产业的同时打出本产业的真正特色。

（四）小镇"一次性消费"现象明显，无法形成长期经济效益

德百森林小镇内的消费类型包含住宿消费、饮食消费、游玩消费、购物消费等，其中多数为"一次性消费"，对游客的二次消费吸引力较小，难以形成有效的"回头客"效应，对小镇的长期经营造成一定程度的影响。随着时间的推移，小镇"尝鲜式"旅游将难以维持。

同时，德百森林小镇地处山东省北部，季节效应明显。冬季是小镇的淡季，由于当地气候原因和缺少相应的宣传营销手段，此时段客流量十分稀少，而夏季小镇又正值旅游旺季，镇域内包括住宿、停车等均会出现供不应求的状况。明显的淡旺季现象会增加小镇的管理难

度和经营成本，因此，解决明显的淡旺季现象是小镇以较低成本较好地经营的关键所在。

（五）小镇中文化融合度不高，影响力有限

德百森林小镇有各种地方特色、美食等文化，但是由于缺少有效的方式方法（如文化节、博览会等）将这些文化特质相结合，文化之间关联的密切程度并不高，文化与文化之间缺少互动与联系，小镇内也缺少文化融合的有效平台或契机（如展览、美食节等），各个地方特色间差距明显，整体性较差。

作为具有全省唯一全球农业文化遗产——古桑树群的德百森林小镇，面临着在省内、国内的知名度不足的问题。据统计，德百森林小镇目前所接待的游客主要来自德州及周边城市，其中德州、济南、衡水占主要部分。由于缺乏有效的宣传方法，小镇的影响力十分有限。

四 德百森林小镇进一步发展的对策建议

综上所述，德百森林小镇建设存在一些亟须解决的问题，为此，调研组提出以下五个方面的建议。

（一）进行经验总结与未来规划，差异化建设森林小镇

调研组认为，德百森林小镇应借鉴全国相关特色小镇建设经验，结合自身建设特色小镇的做法和困境，进行德百森林小镇建设经验总结，为自身和其他小镇未来的发展提供样本。建议根据七大板块的规划制定详细的专项规划，包括园区建设、园区管理、对外宣传等，并在每年任务结束后对下一年的规划进行审定与确认，确保规划切实可行。在这一过程中森林小镇的差异化是建设要点，每个小镇都是独特

的，越是因地制宜，就越能做出特色来。在德百森林小镇的下一步发展设计中，要避免与其他小镇雷同，突出自身特质。

（二）全面建设基础服务设施，提升游玩体验

调研组认为，德百森林小镇可以努力争取当地政府支持，建设具有一定规模的医院，保障游客安全；建立与当地需求相符合的教育机构，解决职工和当地百姓子女的教育问题；针对景区的交通问题提出对策，修建地下停车场，增加园区停车位；加宽园区道路，防止小摊贩占道经营，影响交通；申请扩建垃圾场，满足高峰期游客垃圾的清运。根据群众生活需要，合理设置乡村垃圾倾倒点、转运站、垃圾池和垃圾箱，加强生活污水处理、农村垃圾分类处理、畜禽粪便处理、饮用水源保护等农村环境治理工作，实现垃圾净化、环境美化、村容绿化，促进镇区农村环境提升，通过绿化美化维护村落整体风格。

（三）加大对故桑树群的特色挖掘，进一步完善桑葚产业链

调研组认为，德百森林小镇可以在镇域范围内进行古树资源普查，了解区域内古树的品种、规模、分布、种植技术、生态经济效益等情况；加强对遗产地特别是黄河故道地区古树名木的保护，做好古树复壮工作；开展游客"助力保桑"活动，呼吁游客一同参与保护古树，帮助游客更深入地了解文化遗产。

德百森林小镇现针对桑树的种植、保护、采摘、加工等程序开展相对应的认领机制，构建人与桑树间的感情纽带，在桑树成长的每一阶段注入领养人的劳动与付出，从而增加游客来访次数；在桑葚结果期间举办桑果节，开展桑果采摘、果酒制作等活动，进一步培养游客对于桑葚的感情，拉近与游客的距离，提高游客二次游玩的概率。对农耕文化、民间文艺、民间艺人、民间技艺、民间习俗、谚语、歌谣、诗词、各种古建筑物和构筑物等进行补漏性调查，重新认识农桑文化

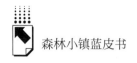

的价值，建立完善的保护制度；针对有价值的非物质文化遗产和文物，组织申报市级、省级乃至国家级非物质文化遗产和文物保护单位等；积极申报全球农业文化遗产，进一步扩大夏津农桑文化的影响力。

应适当对合作社的地址进行迁移，或在镇域内建立合作分社，利于游客进一步了解葚产品的加工过程，加深游玩印象，摆脱旧式旅游购物的格局。同时引进现代化科学技术，针对桑葚产业进行科学合理的标准制定，根据前序工作中对于桑品类的划分，制定不同的加工模式，更好更快地发展桑葚产业。

建议夏津县政府为农业文化遗产保护提供便利的优惠政策和专项保护资金，对农业文化遗产旅游业、有机农业发展等给予政策支持，对农业文化遗产核心保护区内的居民在生活和生产上予以政策和经济支持等。德百森林小镇应走精品之路，通过包装设计，商标注册，建立统一的生产加工质量标准，全面提升桑产品档次和市场竞争力。大力培育桑产品生产企业，提升桑葚加工能力，化解桑葚保鲜期短、果农卖果难等难题。通过科技创新开发出多样化的桑树衍生产品，延长桑树产业链，提升桑树附加值，增加遗产地农民收入。

（四）增设更多季节性项目，增强游客游玩的连续性

调研组认为，德百森林小镇可以争取夏津县政府的支持，与夏津县各学校联合，举办桑葚研学游等项目，有效地促进本地学生对于当地特色产业的理解与感知。同时，德百森林小镇还可以与相关学校建立长期合作关系，丰富小镇的宣传方式，增加稳定客流量，保证小镇的人流量基础。德百森林小镇可以创立"一人一桑""一家一桑"的游玩模式，采用桑树认领制度，由经营方代替游客全权管理桑树，同时游客也可以实时观察桑树的生长进程，在结果的时候到实地采摘果实，加工果酒，让游客亲身参与到桑葚产业链中来，加强游客与桑产品的亲密度。

（五）运用科技手段丰富园区宣传方法，加强外部宣传

调研组认为，德百森林小镇可以通过与全省和京津冀等地特色文化企业的沟通与交流，定期在镇域内举办特色产品年会，吸收各地区的特色产品，提高知名度。同时在其他联合企业开展的展览活动中推出夏津特色桑葚产品，有效地进行宣传，提高京津冀鲁晋文化的融合与发展。进一步搜集、研究有关桑树栽培科学、历史等方面的文物和标本，建立古桑树文化博物馆；建成集农桑文化展示、农桑文化研究、精品展示、文艺演出以及休闲娱乐于一体的农桑文化主题公园；每年定期举办节庆活动，将节庆文化、文学艺术、饮食文化等非物质文化集中展示和宣传；通过媒体宣传提高夏津桑葚在全国的知名度；定期举办全国农桑文化研讨会，整理出版古桑树群农业文化遗产系列丛书及宣传资料；制作遗产地农耕文化宣传折页、日历、明信片、动画片，建立专题网站和微信公众号交流平台。

德百森林小镇可以在德州市旅游局所设定的线路基础上，细化相关措施：设置景点间旅游专线，方便游客出行游玩；开设旅游线路联票，形成帮带效应。开设济南—德州、德州—德百小镇专线，为小镇的人流量增加提供交通便利。

德百森林小镇可以通过互联网平台发布小镇的旅游信息，结合网络设计方法，对小镇的形象进行全方位包装，以符合当下"网红旅游景点"的形象。同时针对产品进行二次加工，在平台上进行宣传，重点宣传产品制作的参与感，以达到吸引游客的效果。

结 语

在全国大力开展特色小镇培育的大背景下，作为全球重要农业文化遗产存留地，德百森林小镇依托其极为丰富的古桑树群资源，以企

业经营为切入点，克服水土流失、风沙侵蚀的困难，开创黄泛区森林小镇的先河。尤其是，在森林小镇建设过程中，立足自身优势，充分挖掘小镇本色的特色，同时，坚持发展甚产业链，加快加强三产融合，帮助当地居民打赢脱贫攻坚战，实现乡村振兴。德百森林小镇建设为黄泛区森林小镇建设提供了经验。

典 型 案 例

Typical Cases

B.10

黑龙江绥棱：
局址生态旅游型森林小镇

【推荐语】

黑龙江省绥棱林业局局址位于黑龙江省小兴安岭西南麓绥棱县境内，森林覆盖率高达78.4%，林区内植物和野生动物物种群极其繁多，景观独特，林木丰茂，空气负氧离子含量极高，具有丰富的自然资源和地方人文特色。局址2015年被评为AAAA级旅游景区，2017年入围省级特色小（城）镇培育对象名单，2018年被评为"百佳深呼吸小城"，并获得了"全国绿色小康县""中国最佳文化休闲旅游目的地"等多个荣誉称号。

黑龙江省绥棱林业局

黑龙江省绥棱林业局局址位于黑龙江省小兴安岭西南麓绥棱县境

内，森林覆盖率高达 78.4%，林区内植物和野生动物物种群极其繁多，景观独特，林木丰茂，空气负氧离子含量极高，具有丰富的自然资源和地方人文特色。局址 2015 年被评为 AAAA 级旅游景区，2017年入围省级特色小（城）镇培育对象名单，2018 年被评为"百佳深呼吸小城"，并获得了"全国绿色小康县""中国最佳文化休闲旅游目的地"等多个荣誉称号。

黑龙江省绥棱林业局隶属于黑龙江省森林工业总局，局址位于小兴安岭西南麓，绥棱县境内，距哈尔滨 190 公里，距国铁滨北线半公里，公路与哈黑、哈伊公路相连成网，交通十分便利。总面积215090 公顷，其中施业区面积 214802 公顷，局址面积 288 公顷，人口 6 万。有林地面积 166791 公顷，活立木蓄积 1801 万立方米，空气质量优良，整个林区无灰霾灾害天气。

图 1　绥棱林业局局址实景（一）

绥棱林业局在小城镇建设上不断提档升级，基础设施配套齐全，工作生活环境清新优雅，先后被授予全省小城镇建设先进单位、全国林业系统先进集体、全国五一劳动奖状、省"三创"工作先进单位、全国社会治安综合治理先进集体、全国文明单位、全国绿色小康县、中国最佳文化休闲旅游目的地等五十多个国家和省级荣誉称号和奖励。

图2 绥棱林业局局址实景（二）

多年来，绥棱林业局以建设生态文明为目标，以"创新、绿色、开发、协调、共享"五大发展理念为指导，深入实施"六型城市"建设，努力把局址建成"生态优良、产业发展、民生改善、文化繁荣、社会和谐稳定"的美丽城市，强力推进"五个突破"：即强力推进改革管理，推动林区改革发展的强大动力，在创建活力林区上实现新突破；强力推进产业发展，把产业发展作为强局之基、富民之本，在创建富强林区上实现新突破；强力推进生态建设，提升整体生态化优势，在创建美丽林区上实现新突破；强力推进文化繁荣，促进文化建设与林区发展深度融合，在创建文化林区上实现新突破；强力推进民生建设，提升林区人民获得感、幸福感、安全感，在创建幸福林区

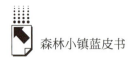

上实现新突破，相继获得了诸多的殊荣，创造了中国城镇旅游景区建设的新速度，奠定了绥棱林区向生态文化旅游转型发展的绿色未来，建成了今天绿树成荫、空气清新、碧水蓝天、健康宜居的森林小城，使局址成为值得游客深呼吸的地方。

图3　绥棱林业局局址实景（三）

从传承到创新，彰显文化个性，促进人文情怀和景区建设的深度融合。

走进绥林，新鲜的空气、新鲜的太阳、新鲜的心情，一幅"诗画林城"的全景式画卷向你展现。绥棱林业局局址就是景区，文化基地多、人文元素多，已经成为人们了解林业局历史沉淀的集散地。围绕景区建设，绥棱林业局把所有景点都建成为文化型景点，让人们不能不驻足沉思。近年来，相继建设成了文化园、鼎盛园、浴德园、植物王国、城市环岛、民俗文化一条街、廉政文化主题公园、森林小火车站、绿篱迷宫等一大批极具人文情怀的景观景点。穿越久远时空的森林小火车、博物馆的史诗画卷、民俗一条街的新老十大奇怪、吱呀转动的月湖水车、松枝凝香的林中木屋、拈花微笑的森林女神、北欧风情的泓池景区、耸入云天的金钥匙塔、绿树成荫的植物王国、花红柳绿的城市环岛、一街一品的复式绿化带，让你可以踱在浓浓绿荫下，悠闲地看着同样安静的路人，享受这座弥漫着温暖与浪漫的生态之城。

从建设到保护，突出生态个性，促进绿色理念和景区建设的深度融合。

在绥棱林业局，城就是一片林，但林中自有精雕细琢的意境；林就是一座城，而城中不乏苍茫厚重的底蕴。绥棱林业局坚持不与大中城市比高楼大厦，不与著名景区比名胜古迹，而是比草绿花红，比天蓝水碧，比文化内涵，持之以恒地抓生态建设，掀起了一场绥林史无前例的"绿色革命"，相继建设了大量的生态绿化景区和一批生态园林绿化单位，全局绝大部分小区都变成了花园式居民小区。在主街两侧建成了六层复式绿化带，在形成乔、灌、花、草、篱搭配有致，点、线、面、环协调发展的绿化格局同时，拆除了机关等企事业单位的大门、院墙和铁栅栏，改为栽植绿化树木，不仅增加了绿化的覆盖率，也大大密切了干群关系。截至 2017 年，全局累计栽植绿化树 81.1 万株，全局栽植绿篱 639 公里，种植花卉、草坪 28 万平方米。全局绿化率达到 100%，绿化覆盖率达到 49.2%，人均绿地面积达到 82.3 平方米。局址建成区人均公共绿地面积 12.53 平方米。

从管理到经营，坚持城市个性，促进基础功能和景区建设的深度融合。

绥林人在城市建设与规划中，始终将城市功能建设作为一个重要元素来考虑。提升城市品位的同时兼顾功能建设，已经实现了"让人人生活在公园里"的阶段性目标，推窗望景，出门见景。绥棱林业局在 2012 年就成立了由局党委书记、局长为组长，党政班子成员为副组长，相关部门负责人为成员的生态景区建设领导小组，建立健全各项规章制度，实行制度化管理，确保工作不出纰漏，实施局址

"十化"管理，即公园化、基地化、精细化、人性化、民主化、数字化、系统化、品位化、开放化、规范化。采取了景区、城镇、社区三位一体的建设模式，实现了绥棱局的景区化建设、田园化居住、城市化生活。

多年来，绥棱林业局秉承"绿水青山就是金山银山、冰天雪地也是金山银山"的发展理念，注重空气、水、土壤等环境建设，坚持不懈地推动生态文明建设，我们相信今后的绥棱林区大地将会天更蓝、水更清、空气更清新！

B.11
四川成都：西岭生态旅游型森林小镇

【推荐语】

西岭镇山川灵秀，地大物博，气候温和，风光独好。青山绿水，景色宜人，是年轻人猎奇探险之地，老年人吐故纳新之所，妇孺儿童亲情戏水之乡，情侣罗曼蒂克之谷，更是都市白领休闲娱乐度假的绝佳之处。境内景点星罗棋布，美不胜收，令人眼花缭乱。高山飞瀑三千尺，奇峰异石穿云端，是旅游观光、盛夏避暑、养生休闲、摄影的好地方。

大邑县人民政府

一 基本概况

西岭镇位于蜀之望县大邑县西部，总面积447平方公里，拥有大都市周边最近的一处原始林海，森林面积64万亩，森林覆盖率达95.4%，负氧离子每立方厘米最高达6万个，山清水秀，空气清新，是名副其实的天然氧吧。最高海拔5364米的大雪塘，是成都第一峰。境内森林茂密、山花烂漫。

域内拥有西岭国家森林公园、黑水河自然保护区、大熊猫国家公园、国家AAAA级旅游景区和国家级非物质文化遗产——西岭山歌等生态文化资源。大熊猫、金丝猴、雪豹等国家级保护动物在此栖息，珙桐、金丝楠木、高山杜鹃、香果树、珂楠树等珍稀树种争奇斗

图1　西岭镇实景

艳。红军长征在境内留下了战斗生活的遗迹。先后获得"国家生态乡镇"和"国家卫生乡镇"荣誉称号。

二　发展定位

西岭镇立足红色文化底蕴和自然资源禀赋，以乡村振兴战略为抓手，坚持绿色发展，建设美丽乡村，打造集生态游憩、户外体验、冰雪运动、康养休闲为一体的"中国雪山森林小镇"，进一步彰显"窗含西岭千秋雪"的独特韵味。

三 工作成效

（一）着力绿色发展，加强森林资源保护

一是加强宣传，形式多样地宣传《森林法》《森林法实施条例》等林业法律法规，有力提升全社会保护森林资源的意识，组织开展保护森林资源培训，提高天然林保护工作的能力水平；二是完善和落实制度，建立了保护发展森林资源目标责任制，继续实行限制采伐措施。镇政府与各村逐一签订《森林防火目标责任书》，全面落实"森林防火两项制度"，设立天然林保护站、农业综合服务站等相关站所和标识标牌，全方位开展森林资源监管、保护、巡查，有效促进森林资源保护工作；三是全域增绿，组织和引导群众开展植树造林活动，积极鼓励群众、农家乐业主在房前屋后、山边河边等种植景观化树种。近三年来，全镇新增植树造林占全部林地的0.6%。

（二）着力绿色产业，加强产业高端发展

一是基础设施提档升级。目前，已启动成温邛高速、成都经济区环线高速通往西岭镇的西岭高速建设，镇域内已启动大龙村至云华村的景观旅游通道建设，畅通森林资源开发、利用、保护通道；二是产业发展提质增效。推进以黄连、重楼、白及等中药材为主的天府道源中药材产业园建设，培育发展农业专业合作社6个，推进集种植体验、观光休闲为一体的4500亩雪山山葵种植基地建设，提升绿色发展价值。

（三）着力品牌推介，加强文化活动举办

一是2017年春节前夕，举办"过大年"系列活动，央视中文国

图2　西岭镇中药材种植

际频道在除夕以《传奇中国节·春节——除夕特别节目》形式，面向全世界进行直播，长达 17 分钟的直播将西岭雪山风光、浓厚的川西乡土文化、百姓群众"过大年"的人文风情展示给全球，有力提升了西岭的知名度、美誉度和影响力。二是连续举办"消夏度假节""南国冰雪节"，每年吸引近 260 万人次游客旅游，旅游年均收益突破 10 亿元，提升了人民群众幸福感和获得感。三是大力推进"旅游＋"融合发展理念，分别开展了国际山地旅游度假论坛、成都之巅－西岭森林大课堂等 12 项旅游和教育活动。

（四）着力文化传承，加强西岭山歌文化保护弘扬

西岭是森林康养旅游大镇，西岭山歌源自西岭大山和森林，从百姓群众生产、生活中产生，是文化大餐中原汁原味的民歌，是大山深处最美的声音，是森林小镇独有的文化名片。在 2014 年 12 月获得

"国家级非物质文化遗产"授牌后，西岭山歌不断演绎和升华，诠释着西岭茫茫林海的炽热情怀。

图3　西岭山歌

四　下一步工作举措

（一）大力推进森林资源保护

西岭镇是大邑和成都面积最大的乡镇，水木清华，西岭将秉持绿色发展理念，继续保护好绿水青山。一是继续加大对森林资源的监管、保护、巡查，持续深入开展宣传，营造"保护森林人人有责"的浓厚氛围；二是落实工作责任，强化与村、社、农户签订森林防火目标责任书的责任落实，扩大防火区，强化管控措施，有效避免森林火灾的发生；三是强化野生动植物保护，坚守生态红线，与林业部门通力协作，进一步提升群众对野生动植物保护的法律意识，真正使人类与自然和谐共处。

（二）大力推进森林红色文化建设

把森林文化和红色文化有机结合，西岭镇将投入400万元，修缮和保护横山岗红军战斗遗址，充分发挥红色资源作用，抓好观景平台、康养游步道等设施建设，凸显森林厚重情怀，打造集爱国主义教育、党史教育、红色旅游为一体的西岭品牌。

（三）大力推进乡村休闲旅游发展

以习近平新时代中国特色社会主义思想为指导，按照产业兴旺、生态宜居、乡风文明、治理有效、生活富裕的总要求，大力实施乡村振兴战略，坚持"绿水青山就是金山银山"的理念，进一步引导农家乐（乡村酒店）转型升级。深入挖掘乡村民风民俗文化内涵，弘扬西岭山歌文化，追求乡村休闲旅游的品位、品质和特色。打造建设一批精品乡村民宿，推动度假养生、运动体验等产业的不断提升。

（四）大力推进大熊猫国家公园建设

西岭镇全镇大部分地域均属于大熊猫国家公园，将进一步采取有效举措，保护好原生态的大熊猫等动物的自然栖息地，保护好人与动物、人与植物和谐相处的共同家园，坚持"生态优先"，引领和践行绿色发展。

（五）大力推进西岭雪山—花水湾国家级旅游度假区创建

目前，西岭镇已启动西岭雪山—花水湾国家级旅游度假区创建，将以生态建设为先导，以创建国家旅游度假区为目标，深入实施乡村振兴战略和落实"西控"战略，在交通组织、自然与人文环境质量、度假产品与设施、配套设施与服务方面持续推进，加强市场结构与形象建设、服务品质管理，推进旅游供给侧结构性改革、体制机制创新，发展壮大特色旅游优势支撑产业，提高度假区度假氛围及度假品质。力争在 2020 年底前，建成具有较大影响力的旅游度假目的地。

B.12
四川雅安：九襄生态旅游型森林小镇

【推荐语】

　　九襄镇位于大相岭南坡，南丝绸之路重要驿站，古蜀国时称笮都，有2100年建治历史，镇域森林覆盖率达74%，动植物种类繁多，自然生态和人文历史交相辉映。近年来九襄镇依托深厚的文化底蕴和得天独厚的森林生态环境，围绕"观光旅游、度假旅游、阳光康养"的主题推进乡村振兴示范片建设，镇所辖村组呈现出"春天是花园、夏天是林园、秋天是果园、冬天是庄园"的农旅融合发展盛景，成功打造蜀相亭、后山朴院、花海果乡等景点。2012年被评为"四川十大最美花卉观赏地"、四川首届100个最美观景拍摄点，2013年被授予"四川省乡村旅游示范乡镇"称号，2017年成为首批"四川省森林小镇"。

雅安市林业局

　　汉源县九襄镇位于四川省西南大渡河流域，镇域面积12.38万亩，耕地面积1.98万亩，林地9.13万亩，平均海拔1400米。北距雅安市区130公里，南距汉源县城25公里，距成昆铁路50余公里。G5京昆高速、国道108线由北向南穿镇而过，交通便捷。全镇辖21个村（社区），人口7万人，是雅安第一人口大镇，也是四川省商贸重点镇、四川省百镇建设重点镇。九襄镇于2017年成功创建四川省"省级森林小镇"。

一　自然生态优势

　　九襄镇有 2100 年的历史，历史文化浓厚，九襄石牌坊、佛静山、进山寺、白马公园享誉省内外，1987 年被列为全省小城镇建设重点镇。九襄镇四季分明，光热充足，土地肥沃，农业发达，加之民众文化素质、科技意识较高，全镇围绕"以农兴城"的理念，加大农业的投入，不仅连续 8 年是四川省科技示范镇，更是省优质水果、蔬菜、高产优质稻基地，打造出汉源蒜薹、汉源金花梨两个全国品牌。

　　九襄镇森林覆盖率为 74%，绿化覆盖率为 82%，绿化率为 97%；公益林面积为森林总面积的 58%，城乡绿化造林占比 85%，近三年新增造林绿化面积占区域面积的 6%。森林、绿地等资源保护制度健全、管理严格规范，林地、林权权属清晰无纠纷，无破坏野生动植物、自然景观、绿地花草和绿化设施等现象。森林资源管护率达到 100%，古树名木挂牌保护率达 100%。

二　旅游资源丰富

　　1. 花海果乡。花海果乡 AAAA 级旅游景区核心景点位于九襄镇三强村，中心景区距雅西高速九襄出口仅 2 公里，交通便利。近年来，依托甜樱桃、红富士苹果、金花梨、伏季水果等农业基地，当地政府按照"产业景观化、新村景区化、农居景点化"的要求，打造出"春天是花园、夏天是林园、秋天是果园、冬天是庄园"的农旅结合的休闲农业与乡村旅游新兴业态，通过举办"梨花节""品果节""桃花会"，知名度和美誉度大大提升，美丽乡村蜚声省内外。2012 年，九襄花海果乡被评为"四川十大最美花卉观赏地"、四川首届 100 个最美观景拍摄点；2013 年被四川旅游标准评定委员会授予

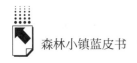

"四川省乡村旅游示范乡镇"称号；2015 年，被四川省农业厅评为"省级示范农业主题公园"。

2. 九襄古镇。走进九襄古镇老街，给人的感受是惊人的古老。老街是典型的明清建筑，老街道长约千米，房椽当街伸，木板房挤挤挨挨，雕花廊柱与雕花窗很多，房与房之间有的地方还有风火墙。九襄老街的民居保存得较好，民宅有约近百方米的天井，天井四周的古门窗雕饰十分精美。

3. 九襄石牌坊，建造于清朝道光二十九年，历时 9 年。牌坊融合了我国古代川剧艺术元素，以"忠、孝、节、义"为主题雕成 48 本传统川剧戏曲，浮雕 169 幅，大小人物 570 余个，或独自一人，或群集于一，但皆自然真实，面目清晰，姿态各异，栩栩如生，毫发毕现。反映出传统文化的悠远和中华民族兼容并蓄的美德。

4. 九襄旅游产业环线。九襄镇坚持"一乡一业""一村一品"，在因地制宜发展 3 万亩经果林产业基地的同时，通过提升主干道、打通断头路、形成循环路，把分布在不同区域、不同海拔高度，但又相对集中连片的金花梨、甜樱桃、伏季小水果、白凤桃、花椒、核桃等特色产业基地贯通起来，有效改变了特色产业零散分布的状态，放大了农产品的规模效益，在九襄镇累计投入资金 5000 万元，建成梨花大道和"九—双"产业环线。

5. 九襄美丽田园。九襄镇按照"林业景观化、景观生态化、生态效益化"的发展思路，以产业发展和产业环线建设为统领，全方位推进农村基础设施建设、特色产业发展、人居环境整治、文化元素挖掘、新兴业态培育，加快建设全域新村，把田园变公园，新村变景区，产品变商品，让生态优势成为经济优势，高位推进"绿美汉源"建设。

6. 九襄后山朴院。由 20 世纪 80 年代灰色砖混结构的凉山村小学改造而来，尽量保持灰砖砖墙的墙面原貌。走进后山朴院，当你的手指抚摸这里的墙壁时，才会体会到过往的故事以及那只可意会的韵味，泥土的芳香、农耕的快乐、花海果乡、阳光的惬意，让居住与度假就像圆一场梦。后山朴院将老物件与废旧的学校完美结合，用匠心将老砖房的一砖、一墙、一门、一窗进行精心设计与改造，让它们散发出岁月的味道，律动着历史的痕迹。后山朴院不仅是化腐朽为神奇的精品民宿典范，还是集收藏、艺术、文创为一体的品质生活体验馆。

三 下一步工作

1. 九襄镇将以"全国最美森林小镇 100 例（第二批）"创建为契机，持续践行"绿水青山就是金山银山"的发展理念，深入推进"绿美汉源"行动。以花果为特色，构建特色产业助推特色小镇建设，产城融合发展，形成生态立镇、旅游兴镇的发展新格局。

2. 持续推进全镇环境综合治理。以点、线、面相结合的方式细化责任，动员农户自觉投入环境综合治理工作，加大对环境的综合整治，不断改善农村生活环境和村容村貌。以优美的风光、整洁的环境助推森林小镇发展。

3. 强化生态保护。巩固天保工程、退耕还林成果，开展绿化造林，不断增加绿地面积，不断改善生态环境。开展森林自然教育活动，大力宣传普及生态文化。强化森林资源管护，制定完善森林资源管护方案，落实专人管护，严格执行采伐限额管理，确保全镇森林资源管护率为 100%。

B.13
广东江门：横陂岭南水乡型森林小镇

【推荐语】

横陂镇位于广东省恩平市南部，地处恩平、台山、阳江三市交会地，距离恩平市区17公里，森林覆盖率为54.27%，年平均气温23℃。镇域内河网密布，风景秀丽，气候宜人，有着恩平市唯一的港口——恩平港，以及恩平市唯一一片红树林湿地。此外，横陂镇有着丰富的历史遗迹和浓郁的人文气息，别具岭南水乡风情，是粤港澳大湾区生态之城的特色森林小镇。

江门市林业和园林局

横陂镇位于恩平市南部，地处恩平、台山、阳江三市交界，全镇总面积201平方公里，辖19个行政村和2个居委会，常住人口约4万人。林地面积11628.2公顷，占土地面积的57.85%；森林总面积10357.25公顷，森林覆盖率为54.27%。

横陂镇地形复杂，镇域内山塘水库、山涧河流众多。同时，横陂镇也是恩平市唯一的沿海镇，海域面积7.6平方公里，海岸线长21.2公里，咸围9297亩，滩涂10000亩，沿海岸线有全省生长最好的红树林近4000亩。山塘水库天然分布均匀、星罗棋布，水网纵横、鱼虾繁多，海域宽广、咸围遍布，咸淡交汇、海品丰富，是横陂镇创建岭南水乡型森林小镇的依托所在。

横陂境内的镇海湾红树林县级自然保护区位于横陂镇镇海湾，总面积近666.7公顷。保护区内物种丰富，生物多样性高，记录到维管

图1　横陂实景（一）

束植物116种，其中红树植物18种；哺乳动物8种，鸟类34种，其中国家Ⅱ级重点保护鸟类1种——褐翅鸦鹃，广东省重点保护鸟类6种，这些植物和动物对维持"海上森林"的生态平衡、生物多样性起着重要的作用。值得一提的是，横陂镇这片红树林长势旺盛喜人，平均树高达3.5米，最高达6米，郁闭度0.9以上，在长达21公里的海岸线上形成一道天然绿色屏障，纵观犹如一条翡翠绸带，美不胜收。同时，相关部门根据实际情况在保护区进行了基础建设，如步行径、观鸟亭、科普宣传栏、指路牌等，为游人游赏提供了更多的便利条件。横陂镇这片红树林景观秀丽，时而"众鸟高飞尽，孤云独去闲"，时而"落霞与孤鹜齐飞，秋水共长天一色"，在这别具格调的岭南水乡森林小镇，充满无限的诗情画意。

　　蓝田古树公园位于横陂镇蓝田村侧马栏（土名）处，面积150亩。公园内古树参天，树龄100年以上的古榕树有6棵，还有酸枝、刺桐、龙眼、黄皮等众多树龄近百年的大树，树林郁郁葱葱，虫鸣鸟

图2　横陂实景（二）

跃。此外，蓝田古树公园内有着丰富的历史遗迹，如古城墙、古炮楼、碉楼等，这些古物记载着蓝田历史的变迁，传递古老的文化内涵，极具本地特色人文气息。在原有的基础上，相关部门进一步推进蓝田古城墙、古炮楼、碉楼等历史遗迹的修复，充分挖掘历史文化内涵，再结合绿美古树乡村工作，推进蓝田村生态文明建设，进一步建设古色古香的美丽乡村。

响水缸森林公园位于横陂镇北部虾山村委会，距离恩平市区24公里，面积为3160亩。公园内森林覆盖率极高，森林植被类型丰富，景观多样，表现为青山拥翠，藤蔓横生，空气清新，景色迷人。此外，森林公园内水文景观丰富，有着众多的瀑布，蜿蜒曲折的小溪，时而珠帘倒挂，时而流水潺潺，其中有一深潭，潭中静水深流，远观如翡翠缠着素练，尽显天工之美。

借助成功获批为广东省岭南水乡型森林小镇的契机，横陂镇加大生态文明建设力度，建设了新潮荷花主题湿地公园，强化了江河湖和水库的水源保护和绿化修复管理，并对镇海湾海域内非法占海养殖、填海、围海等违法用海行为进行打击清理，同时对相关村落的环境绿

图3 横陂实景（三）

化做了进一步提升，利用实实在在的功夫，做大做强岭南水乡型森林小镇的品牌。

横陂镇自然风光旖旎，历史文化气息浓厚，如薄雾轻纱，众鸟高飞，渔舟扁扁，幽幽城墙等，这些光景和风情，诚待远方的你们来细细品鉴。

B.14
四川眉山：柳江休闲文旅型森林小镇

【推荐语】

柳江镇位于四川省眉山市洪雅县西南腹地，有800多年历史，境内坝、丘、山兼具，山、水、林皆有，森林面积14.8万亩，森林覆盖率79%，先后荣获国家级生态镇、全国重点镇、全国特色小镇、全国特色景观旅游名镇、全国美丽宜居小镇、四川十大古镇、国家AAAA级景区等殊荣，素有"烟雨柳江，雅女之乡"的美誉。近年来，柳江镇坚持规划引领、项目带动、旅游驱动，加快建设国际休闲文旅特色森林小镇，旅游年收入突破19亿元，深刻践行了"绿水青山就是金山银山"的发展理念。

眉山市林业局

柳江古镇位于四川洪雅县西南腹地，是成都—峨眉山—瓦屋山旅游干线上的重要旅游目的地，全镇森林面积约14.8万亩，森林覆盖率为79%，全年平均气温16℃，气候温润多雨，素有"烟雨柳江，雅女之乡"的美誉。先后荣获全国重点镇、全国特色旅游景观名镇、国家级生态镇、国家级美丽宜居小镇、四川十大古镇、全省第二批"百镇建设行动"试点镇、国家AAAA级景区，镇总体规划被住建部评为全国优秀镇规划示范。

产业形态特色鲜明。古镇突出规划引领，项目带动，旅游驱动，强力推进森林小镇建设，加快新型城镇化步伐和城乡一体化进程。"绿水青山就是金山银山"，突出旅游支柱产业，借势峨眉发展，围

图1 雪色中的柳江

绕大峨眉国际旅游区，整体打造国内一流的生态和谐宜居宜游文旅特色小镇。立足自身资源，因地制宜发展了凤溪山庄、凯冠酒店、古镇一角等一批乡村旅游点，逐步形成全域景区化、全域生态化、全域产业化。

人居环境和谐宜居。古镇建镇850多年以来，积淀和保存了川西风情吊脚楼、中西合璧曾家园、仿古寻悠水码头、亲水临河古栈道、百年民居汇老街、世界第一大睡观音、108棵千年古树等特色景观。古树参天、古屋辉映、石径蜿蜒、双江环绕。古镇外，遍布数万亩人工林和天然林、珍稀古树参天蔽日，林中的湖泊、山溪、瀑布、飞禽走兽，给人以自然的野趣，使人返璞归真，心灵净化。杨村河、花溪河一穿一绕，合流而下，清浅流淌，远近山峦层叠，青翠欲滴，形成一幅朦胧醉人的水墨烟雨景观。

传统文化特色彰显。古镇民风淳朴，保持着富有特色的名俗文化，透出浓厚的文化底蕴，充分体现了自然艺术与哲学的完美结合。柳江具有的码头文化、乡绅文化、雅女文化、宗教文化等展示了地域文化独特性。非物质文化遗产"九大碗"、堂（唐）灯、复兴耍锣

鼓、台会、牛儿灯，民间工艺木雕、根雕等，为柳江旅游发展奠定了深厚的文化底蕴。

图 2　光明寺俯瞰

设施服务便捷完善。柳江古镇紧邻遂洪高速和乐雅高速，大峨眉旅游西环线洪雅至柳江段实现通车，柳江至零公里段和瓦屋山快速通道正在抓紧建设，建成后柳江交通区位将被彻底颠覆，实现内通外畅。以森林小镇创建为抓手，景区基础设施全面提档升级，景区组建旅游警察中队和景区志愿者服务队，做实"四心工程"，让游客"吃得放心、住得舒心、购得称心、玩得开心"，使游客"要想身体好，常往洪雅跑"成为常态。为加快推进古镇建设，实现县委"一地三区"发展目标，市县领导多次深入柳江现场办公，解决发展中存在的问题。目前柳江镇围绕"国际休闲文旅特色小镇"目标，扎实推进大峨眉国际旅游区建设。到2020年，柳江古镇镇域面积将达到4.33平方公里，年游客接待量实现

300万~500万人次，旅游收入实现40亿元，城镇化率提高到43%。

图3　游客戏水

水墨丹青，柳江古镇，一个传承文化的摇篮，一片享受生活的山水，一个宜居宜游的乐园。一幅浓墨重彩的美妙山水画，已经跃然纸上，一座青山绿水的生态宜居古镇，已经翘首可望。我们坚信，柳江古镇沿着国际休闲文旅特色小镇建设的方向，必将成为洪州大地上一颗璀璨的明珠。

B.15
湖北太子山：太子生态旅游型森林小镇

【推荐语】

太子小镇位于湖北省京山市西南部，北倚大洪山，南接江汉平原。总经营面积 11.35 万亩，森林覆盖率达 85%，被誉为镶嵌在荆楚大地上的一颗璀璨"绿色明珠"。太子山林场管理局结合国家乡村振兴战略和森林康养产业发展现状，以"读书、运动、养生"为主题，以创建省级旅游名镇和综合示范镇为契机，依托湖北文化创作交流基地、王莽洞风景区、狩猎文化主题乐园、仙女紫薇观光园和龙台月季园等特色项目，将太子小镇打造成具有浓郁的森林文化与传统文化气息的旅游名镇，进而成为省内乃至国内知名的"宜居、宜业、宜游"特色森林小镇。

湖北省太子山林场管理局

隐于山林，藏苑问贤

镇在林中，路在绿中，屋在园中，人在景中。

小镇以森林生态资源为基础，以山水、树木、木材、石头、花草、建筑物等为元素，围绕五大发展理念（创新、协调、绿色、开放、共享），突出康体养生、休闲运动、读书劳动特色，建设生态环境优美、人与自然关系和谐、生活设施现代、食品生态有机、产业绿色环保、地方特色明显、林场文化浓郁的新型旅游名镇，形成"镇在林中、路在绿中、屋在园中、人在景中"的特色森林小镇，从而让游客留下来，让文化传下来，让居民富起来。

图1　小镇入口

森林颐养，生态环保

绿色明珠，天然氧吧，农谷绿肺。

小镇背倚秀美青山，面向江汉平原，司马河蜿蜒流过，坐拥国家级森林公园、生态文明教育基地、森林养生基地和省级文化创作交流基地。小镇内绿树环绕、古木参天、花团锦簇，森林覆盖率达85%，是亲近自然、舒心静养的好去处。

图2　俯瞰小镇

图3　烟雾中的小镇

天赋地脉，人文熏染

淳朴民风，耕读传家，文化养生。

小镇是嘉靖皇帝（朱厚熜）少年时期狩猎之地，拥有王莽藏金、石龙过江、仙女藏云等美丽传说，历史文化丰富；因比邻屈家岭，地处长江流域农耕文化腹地，又是太子山林场三代林业人生活聚集区，环境优美，农耕文化、渔猎文化、森林文化特色明显。

湖北文化创作交流基地项目是省委省政府支持中国农谷核心区发展，落户在太子山的省级文化与旅游产业相融合的重点项目，总规划面积3000亩，计划投资8.3亿元。规划核心理念为：突出原生态和荆楚文化特色，立足文化展示、文化创作与交流、文化论坛、文化研究、艺术教育，拓展文化价值，有机融合生态旅游、现代林业和传统文化，打造成为"湖北样板、全国一流、国际知名"的文化创作交流基地。目前，基地一期项目"三村一所"——画家村、作家村、音乐村及创作交流会所工程已全面完成。

王莽洞景区是太子山国家森林公园核心景区，也是中国农谷核心区目前唯一的3A级风景区，总面积8000多亩，于2001年3月对外

图4 湖北文化创作交流基地

图5 3A级王莽洞景区

开放，开发有森林观光、溶洞探险和科普教育实习等特色旅游产品。目前已建成森林氧吧、樱花园、灵芝园、森林漫步道、森林科普园和户外帐篷露营地等项目，将景区提升为森林观光、地下探险、树上拓展、户外露营相结合的野外森林拓展基地。

狩猎文化主题乐园总规划约6000亩，计划投资2亿元，主要建设狩猎场、动物园、室内射击场、激光靶场、户外拓展基地、梅花鹿

图 6　狩猎文化主题乐园

养殖基地、高尔夫训练球场及配套娱乐设施，从而将其打造成华中地区独具特色的旅游项目。

图 7　2A 级仙女紫薇园

小镇正积极探索走"花卉苗木＋旅游观光"相结合的发展模式，将花卉苗木基地按旅游的理念做成景区景点。目前，计划在仙女林场规划建设 6000 余亩苗木旅游观光示范园，其中以紫薇花种植、科研、繁育为主题的 1000 亩特色观赏园已经建成。

图8　龙台月季园

　　龙台月季园位于太子小镇西郊2公里，与太子山狩猎文化主题乐园为邻，规划总面积1000亩，已完成月季、珍贵树种栽植200亩，月季观赏道建设5000米，引进树状、藤蔓、地被等三大种类七个色系花卉近4万株，成为太子山打造继紫薇花海后又一张亮丽的赏花旅游名片。

荆楚风格，本土元素

原生建筑，一户一品，处处是景。

　　小镇建筑风貌突出荆楚风格，融合本土特色，以旧砖旧瓦、树木、石头、花草及林场旧物等为元素，根据居住型和经营型的不同需求，对房屋内外、前庭后院、公共节点，进行独具特色的个性化设计和建设。

融合发展，绿色幸福

读书，运动，养生，宜居，宜业，宜游。

　　小镇注重产业融合发展，将"旅游+"的概念，融入养生养老、文化创意、体育健康三大绿色幸福产业中，通过以点带面，建设国家

图9　居民庭院改造

森林养生基地、湖北文化创作交流基地、狩猎文化主题乐园等重大项目，形成品牌影响，带动产业发展。

图10　太子·养心谷

区位优势，交通便捷

省道，高速，农谷大道。

小镇地处京山境内，核心区总面积 3 平方公里，常住人口 3000

人。交通区位优势明显，S243、S216、S107 三条省道分布在东西南三侧；武荆高速、随岳高速、襄荆高速、汉宜高速在周边形成四通八达的"井"字形交通网。小镇通过农谷大道与武荆高速紧密相连，至武汉、宜昌、襄阳均在 150 公里以内。

太子山围绕国有林场改革发展大方向，以"中国农谷"和"湖北文化交流创作基地"为依托，规划建设"一镇、两带、三园、四区"项目，即太子山旅游名镇（太子森林小镇）；农谷大道和集镇至仙女 20 公里景观带（绿道）；农林采摘园、野生动物园、华中植物园；王莽洞景区、狩猎乐园风景区、仙女风景区（紫薇园、仙女洞泉等）、龙台月季园景区等，努力把太子山国家森林公园打造成集"森林观光探险、健身休闲、读书养性、科普教育、会务旅游和文化交流"于一体的国家 5A 级森林旅游小镇。

❖ 皮书起源 ❖

"皮书"起源于十七、十八世纪的英国，主要指官方或社会组织正式发表的重要文件或报告，多以"白皮书"命名。在中国，"皮书"这一概念被社会广泛接受，并被成功运作、发展成为一种全新的出版形态，则源于中国社会科学院社会科学文献出版社。

❖ 皮书定义 ❖

皮书是对中国与世界发展状况和热点问题进行年度监测，以专业的角度、专家的视野和实证研究方法，针对某一领域或区域现状与发展态势展开分析和预测，具备原创性、实证性、专业性、连续性、前沿性、时效性等特点的公开出版物，由一系列权威研究报告组成。

❖ 皮书作者 ❖

皮书系列的作者以中国社会科学院、著名高校、地方社会科学院的研究人员为主，多为国内一流研究机构的权威专家学者，他们的看法和观点代表了学界对中国与世界的现实和未来最高水平的解读与分析。

❖ 皮书荣誉 ❖

皮书系列已成为社会科学文献出版社的著名图书品牌和中国社会科学院的知名学术品牌。2016年，皮书系列正式列入"十三五"国家重点出版规划项目；2013~2019年，重点皮书列入中国社会科学院承担的国家哲学社会科学创新工程项目；2019年，64种院外皮书使用"中国社会科学院创新工程学术出版项目"标识。

权威报告・一手数据・特色资源

皮书数据库
ANNUAL REPORT(YEARBOOK)
DATABASE

当代中国经济与社会发展高端智库平台

所获荣誉

- 2016年，入选"'十三五'国家重点电子出版物出版规划骨干工程"
- 2015年，荣获"搜索中国正能量 点赞2015""创新中国科技创新奖"
- 2013年，荣获"中国出版政府奖・网络出版物奖"提名奖
- 连续多年荣获中国数字出版博览会"数字出版・优秀品牌"奖

成为会员

　　通过网址www.pishu.com.cn访问皮书数据库网站或下载皮书数据库APP，进行手机号码验证或邮箱验证即可成为皮书数据库会员。

会员福利

- 已注册用户购书后可免费获赠100元皮书数据库充值卡。刮开充值卡涂层获取充值密码，登录并进入"会员中心"—"在线充值"—"充值卡充值"，充值成功即可购买和查看数据库内容。
- 会员福利最终解释权归社会科学文献出版社所有。

数据库服务热线：400-008-6695
数据库服务QQ：2475522410
数据库服务邮箱：database@ssap.cn
图书销售热线：010-59367070/7028
图书服务QQ：1265056568
图书服务邮箱：duzhe@ssap.cn

社会科学文献出版社 皮书系列
SOCIAL SCIENCES ACADEMIC PRESS (CHINA)

卡号：935194849921
密码：

基本子库
SUB DATABASE

中国社会发展数据库（下设 12 个子库）

全面整合国内外中国社会发展研究成果，汇聚独家统计数据、深度分析报告，涉及社会、人口、政治、教育、法律等 12 个领域，为了解中国社会发展动态、跟踪社会核心热点、分析社会发展趋势提供一站式资源搜索和数据分析与挖掘服务。

中国经济发展数据库（下设 12 个子库）

基于"皮书系列"中涉及中国经济发展的研究资料构建，内容涵盖宏观经济、农业经济、工业经济、产业经济等 12 个重点经济领域，为实时掌控经济运行态势、把握经济发展规律、洞察经济形势、进行经济决策提供参考和依据。

中国行业发展数据库（下设 17 个子库）

以中国国民经济行业分类为依据，覆盖金融业、旅游、医疗卫生、交通运输、能源矿产等 100 多个行业，跟踪分析国民经济相关行业市场运行状况和政策导向，汇集行业发展前沿资讯，为投资、从业及各种经济决策提供理论基础和实践指导。

中国区域发展数据库（下设 6 个子库）

对中国特定区域内的经济、社会、文化等领域现状与发展情况进行深度分析和预测，研究层级至县及县以下行政区，涉及地区、区域经济体、城市、农村等不同维度。为地方经济社会宏观态势研究、发展经验研究、案例分析提供数据服务。

中国文化传媒数据库（下设 18 个子库）

汇聚文化传媒领域专家观点、热点资讯，梳理国内外中国文化发展相关学术研究成果、一手统计数据，涵盖文化产业、新闻传播、电影娱乐、文学艺术、群众文化等 18 个重点研究领域。为文化传媒研究提供相关数据、研究报告和综合分析服务。

世界经济与国际关系数据库（下设 6 个子库）

立足"皮书系列"世界经济、国际关系相关学术资源，整合世界经济、国际政治、世界文化与科技、全球性问题、国际组织与国际法、区域研究 6 大领域研究成果，为世界经济与国际关系研究提供全方位数据分析，为决策和形势研判提供参考。

法律声明

　　"皮书系列"（含蓝皮书、绿皮书、黄皮书）之品牌由社会科学文献出版社最早使用并持续至今，现已被中国图书市场所熟知。"皮书系列"的相关商标已在中华人民共和国国家工商行政管理总局商标局注册，如LOGO（▨）、皮书、Pishu、经济蓝皮书、社会蓝皮书等。"皮书系列"图书的注册商标专用权及封面设计、版式设计的著作权均为社会科学文献出版社所有。未经社会科学文献出版社书面授权许可，任何使用与"皮书系列"图书注册商标、封面设计、版式设计相同或者近似的文字、图形或其组合的行为均系侵权行为。

　　经作者授权，本书的专有出版权及信息网络传播权等为社会科学文献出版社享有。未经社会科学文献出版社书面授权许可，任何就本书内容的复制、发行或以数字形式进行网络传播的行为均系侵权行为。

　　社会科学文献出版社将通过法律途径追究上述侵权行为的法律责任，维护自身合法权益。

　　欢迎社会各界人士对侵犯社会科学文献出版社上述权利的侵权行为进行举报。电话：010-59367121，电子邮箱：fawubu@ssap.cn。

社会科学文献出版社